Thierry M·

Français

5ᵉ

12/13 ANS

HATIER | CHOUETTE ENTRAÎNEMENT

Chouette mode d'emploi

Bonjour,

Tu viens d'acquérir ce cahier de la collection Chouette entraînement et tu voudrais savoir ce qu'il contient et comment l'utiliser au mieux.

Se repérer dans le cahier

■ Cet ouvrage est composé :

– d'un **cahier principal** qui contient 52 unités de révision en grammaire, conjugaison, orthographe, vocabulaire et expression écrite ;

– d'un **cahier central de corrigés**, sur fond gris, qui comprend les corrigés détaillés des exercices des 52 unités de révision ; chaque corrigé est accompagné d'un commentaire pour t'aider à mieux comprendre.

■ Pour **choisir un thème de révision**, tu peux bien sûr utiliser le sommaire (à la page 3) qui t'indique tous les thèmes traités ; tu peux aussi faire une recherche plus précise grâce à l'index (aux pages 62 et 63).

Se repérer dans une unité

Voici l'unité type correspondant à un thème de révision. Elle se compose :
– de courtes **leçons** sur les points clés du cours ;
– d'une **série d'exercices** qui te permettent de t'entraîner de manière efficace.
N'oublie pas, au fil de ton travail, d'utiliser mes **« coups de pouce »** sur les exercices.

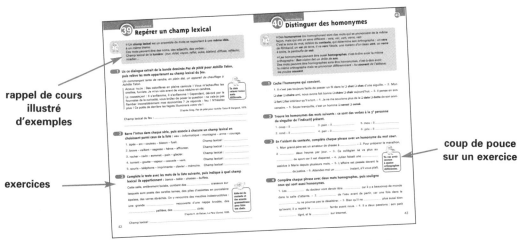

rappel de cours illustré d'exemples

exercices

coup de pouce sur un exercice

Il me reste à te souhaiter un bon travail !

© Hatier, Paris, janvier 2007

ISBN 978-2-218-92486-6

Sommaire

Reconnaître les déterminants du nom : les articles

Un **article** est un déterminant, c'est-à-dire un mot qui introduit un nom.
Il y a trois sortes d'articles.

● Un article **défini** (*le, la, les, l'*) introduit le nom d'une chose ou d'un être précis, déterminé, connu : *J'ai nourri **le** chat*.
Un article défini **contracté** (*au, aux, du, des*) est un article défini combiné avec une préposition (*à* ou *de*) : *Observe la technique **du** (= de + le) joueur*.

● Un article **indéfini** (*un, une, des, de*) introduit le nom d'une chose ou d'un être imprécis, indéterminé : *Achetez **des** abricots*.

● Un article **partitif** introduit le nom d'une chose dont on ne peut pas compter la quantité : *Prenez **du** gâteau. (= Prenez une certaine quantité de gâteau.)*

1 **Lis ce texte, puis réponds aux questions.**

Un jour, monseigneur Yvain voit un lion qu'un serpent tient par la queue en lui brûlant l'échine. Il se range du côté du lion, car aux êtres venimeux et félons on ne doit faire que du mal ; or le serpent est venimeux, du feu lui jaillit du gosier.

Chrétien de Troyes, *Yvain ou Le Chevalier au lion*, vers 1170.

1. Souligne les articles indéfinis de ce texte.

2. Relève un groupe nominal dont le nom est introduit par :

– un article défini féminin → ....

– un article défini contracté pluriel → ....

3. Classe chacun des groupes nominaux suivants selon la nature de son déterminant : *du côté – du lion – du mal – du feu – du gosier.*

Article défini contracté	Article partitif
....	....
....	....

Pour faire la différence, remplace *du* par *le* ou *la* : si la phrase obtenue a du sens, c'est un article partitif ; sinon, c'est un article défini contracté.

2 **Complète les phrases avec les articles de la liste suivante :** *un – l' – le – les – du – de – des – au – aux.*

1. Achète .... pain avant de rentrer. – **2.** Hier, j'ai rencontré .... ami. – **3.** Que prends-tu .... petit déjeuner ? .... thé ou .... café ? – **4.** Cette fille a .... longs cheveux. – **5.** Y a-t-il encore .... voyageurs dans .... train ? – **6.** On me dit souvent que je pense trop .... autres. – **7.** .... été, j'aime bien prendre .... café en terrasse. – **8.** .... éléphants sont herbivores.

Reconnaître les déterminants possessifs, démonstratifs, indéfinis et numéraux

● Un déterminant **possessif** (*mon, ma, mes, ton, ta, tes, son, sa, ses, notre, nos, votre, vos, leur, leurs*) exprime une idée d'appartenance : *C'est **leur** chien.*

● Un déterminant **démonstratif** (*ce, cet, cette, ces*) montre la chose ou l'être désigné par le nom, ou renvoie à un nom dont on vient de parler : ***Cet** homme est admirable !*

● Un déterminant **indéfini** (*chaque, certain, plusieurs, même, quelque, divers...*) exprime une quantité ou une qualité imprécise : ***Certaines** personnes trichent.*

● Un déterminant **numéral cardinal** introduit un nom en précisant son nombre : *Il reste **dix** euros.*
Un déterminant **numéral ordinal** introduit un nom en indiquant son rang : *Son **second** fils est très bavard.*

1 **Précise la nature de chaque déterminant en italique : possessif (P), démonstratif (D), indéfini (I), numéral cardinal (NC), numéral ordinal (NO).**

1. Je fais *ce* (.........) gâteau à *chaque* (.........) anniversaire de *mon* (.........) fils. – **2.** J'ai parlé avec *votre* (.........) sœur hier, c'était la *première* (.........) fois que je la voyais ; *cette* (.........) fille est merveilleuse, *même* si comme tout le monde, elle a *quelques* (.........) défauts. – **3.** On leur a demandé de venir sans *leurs* (.........) *deux* (.........) enfants. – **4.** Pour un *même* (.........) jeu, il peut y avoir *plusieurs* (.........) variantes.

2 **Complète le texte en utilisant les déterminants indéfinis suivants :** *chaque – aucun – certaine – même – quelque.*

J'aime partir en voyage, car alors .... jour est différent du précédent. Je ressens une .... inquiétude avant de partir, mais une fois arrivée, ... argument ne pourrait me donner envie de partir. Malheureusement, c'est toujours la .... chose : après .... temps, il faut rentrer.

3 **Réécris ces phrases en mettant les mots en italique au pluriel et en faisant toutes les transformations nécessaires.**

1. *Il* n'a jamais oublié d'apporter son *livre*, ce garçon est très sérieux.

→ ....

> D'autres mots vont changer : déterminants, pronoms, verbes...

2. *J'*ai quelque *idée* sur la question, mais *je* ne dévoilerai pas mon *opinion*.

→ ....

3. *Tu* as trahi la confiance de ton *ami*, ses sentiments ne peuvent plus être les mêmes.

→ ....

3 Grammaire

Reconnaître et utiliser des pronoms personnels et possessifs

● Les pronoms personnels varient en nombre et en personne.

	singulier	pluriel
1re personne	*je, me, moi*	*nous*
2e personne	*tu, te, toi*	*vous*
3e personne	*il, elle, le, la, lui, soi, se, en, y*	*ils, elles, les, leur, eux, se, en, y*

● Les pronoms personnels de la 3e personne peuvent aussi varier en genre (*il/elle, le/la...*). Ils peuvent remplacer :
– un nom ou un groupe nominal : **La bête** bondit ; **elle** est puissante.
– une proposition : **Adèle ne s'est pas baignée** ; elle **le** regrette.
– un adjectif qualificatif : Êtes-vous **contente** ? Oui, je **le** suis.

● Les **pronoms possessifs** (*le mien, la vôtre, les vôtres, le leur, les leurs...*) varient en personne, en genre, et en nombre. En général, un pronom possessif représente un nom déjà exprimé : *Tu as tes **cadeaux**, j'ai **les miens**.*

1 Indique *à qui* ou *à quoi* renvoient les pronoms personnels.

Jean téléphone à Cécile. *Il* (.................) *lui* (.................) demande de *le* (.................) retrouver sur la plage et de *lui* (.................) apporter des fruits frais. *Elle* (.................) *lui* (.................) répond qu'*elle* (.................) ne peut pas *y* (.................) aller et que, de toute façon, *elle* (.................) n'*en* (.................) a plus.

> Un même pronom personnel peut remplacer des choses ou des personnes différentes dans un même texte.

2 Réécris chaque phrase en remplaçant les mots en italique par un pronom personnel.

1. Il passe la soirée *chez ses parents*. → ....

2. Tu te souviens *de notre rencontre* ? → ....

3. *Toi et moi* allons accrocher *ce tableau* au mur. → ....

4. Crois-tu *au hasard* ? → ....

3 Réécris chaque phrase en remplaçant les mots en italique par un pronom possessif.

1. Avez-vous sorti *vos poubelles* ? → ....

2. *Mes chaussures* sont trop grandes. → ....

3. Dans *notre soda*, il n'y a pas de paille. → ....

4. Tu as donné *tes livres* à Paul. → ....

5. Nos voisins ont oublié *leur clé*. → ....

Grammaire

Reconnaître et utiliser des pronoms démonstratifs et indéfinis

● Un **pronom démonstratif** renvoie en général à un nom déjà cité :
Ces joueurs sont excellents ; ceux-ci sont nuls.
Les pronoms démonstratifs ont des formes simples et des formes renforcées.

	neutre	masc. sing.	fém. sing.	masc. plur.	fém. plur.
Formes simples	*ce, c'*	*celui*	*celle*	*ceux*	*celles*
Formes renforcées	*cela, ceci, ça*	*celui-ci, celui-là*	*celle-ci, celle-là*	*ceux-ci, ceux-là*	*celles-ci, celles-là*

● Un **pronom indéfini** remplace un nom ou un groupe nominal qui désigne un être ou une chose de façon vague : ***Certaines filles** aiment le football ; **plusieurs** y jouent.*
Les pronoms indéfinis peuvent être variables (*aucun, l'autre, certain, chacun, l'un, tel, tout...*) ou invariables (*autrui, on, personne, plusieurs, quiconque, rien...*).

1 Complète avec le pronom démonstratif qui convient, puis souligne, quand c'est possible, le nom auquel il renvoie.

1. Prends des légumes. – Non merci, je n'aime pas .... – **2.** Il pratique différents sports mais il préfère .... qui se déroulent à l'extérieur. – **3.** Quels sont les chevaux les plus rapides : .... ou .... ? – **4.** Marie a sa chambre, mais elle préfère être dans .... de sa sœur. – **5.** Pourquoi fais-tu .... ? .... n'est pas gentil.

2 Complète chaque phrase avec l'un des pronoms indéfinis suivants :
rien – autrui – tous – quelque chose – personne – chacun.

1. .... ne sert de courir, il faut partir à point. – **2.** Avez-vous appris .... de nouveau ? – **3.** Il faut respecter le bien d'...................... – **4.** .... de nous doit chercher à corriger ses défauts. – **5.** .... sont partis, il ne reste plus ....

3 Indique dans les parenthèses la nature du mot en italique : pronom indéfini (**P**) ou déterminant indéfini (**D**).

1. *Chacun* (.......) est agacé par le bruit du voisinage. – **2.** *Plusieurs* (.......) pigeons roucoulent à ma fenêtre. – **3.** Je n'ai *aucune* (.......) chance de gagner au loto. – **4.** *Chaque* (.......) jour, c'est la *même* (.......) chose, *certains* (.......) sont à l'heure et *quelques-uns* (.......) sont en retard.

> Regarde si le mot en italique est suivi d'un nom.

5 Grammaire
Distinguer COD, COI et COS

Le COD, le COI et le COS sont des compléments du verbe. Le COD et le COI sont des **compléments essentiels** : leur suppression nuit au sens de la phrase.

● Un **COD** (complément d'objet direct) se construit sans préposition et répond aux questions *qui ?* ou *quoi ?* posées après le verbe.
*Tu débarrasses **la table**.* → *tu débarrasses **quoi ?** la table* = COD.

● Un **COI** (complément d'objet indirect) se construit avec une préposition (*à, de, par...*) et répond aux questions *à qui ? à quoi ? de qui ?...* posées après le verbe. Attention : la préposition n'est pas toujours exprimée, tu dois donc toujours poser ces questions.
*Marie a de la chance : on **lui** pardonne tout.* → *on pardonne **à qui ?** à Marie*, GN remplacé par le pronom personnel *lui* = COI.

● Un **COS** (complément d'objet second) est un complément d'objet indirect qui accompagne un autre complément d'objet, direct ou indirect.
*Je donne **un livre** (COD) **à ma fille** (COS).*

1 Précise la fonction des compléments d'objet en italique (COD, COI ou COS).

1. Les souris ont volé *du fromage* (............) *à la cuisinière* (............). – **2.** Le conférencier a projeté *un film* (............) *que* (............) les spectateurs ont beaucoup apprécié. – **3.** Il a vendu *ses livres* (............) *à un ami* (............). – **4.** Nous *vous* (............) présentons *nos excuses* (............). – **5.** Je *lui* (............) parle.

2 Souligne les COD et encadre les COI, puis classe-les dans le tableau selon leur nature.

1. Pense à tes parents. – **2.** Il me voit. – **3.** Dis-le vite. – **4.** Je ne parle à personne. – **5.** Il aime que les choses soient bien faites. – **6.** Il aime rire. – **7.** Pierre est arrivé, je l'ai aperçu.

Nom ou GN	Pronom	Infinitif	Proposition
....	....	....	....
....	....	....	....
....	....	....	....

3 Souligne tous les COD du texte suivant.

Le monstre meugla un effroyable cri de satisfaction gourmande. Il baissa sa tête bovine et poilue, et pointa ainsi des cornes acérées vers sa proie. Le sol était jonché d'ossements. Thésée ramassa le plus gros, il le brandit. Au moment où le monstre l'attaqua, il s'écarta pour lui asséner sur le mufle un coup suffisant pour assommer un bœuf... mais pas assez violent pour tuer un Minotaure !

Il y a
sept COD,
dont un
pronom
réfléchi.

D'après Ch. Grenier, *Contes et légendes des héros de la mythologie* © Nathan, 1998.

6 Grammaire
Identifier la fonction complément circonstanciel

● Un **complément circonstanciel** n'est pas un complément essentiel (il peut être supprimé ou déplacé) mais il enrichit le sens de la phrase : **Depuis hier** (CC de temps), *il neige **sans répit*** (CC de manière).

● Les compléments circonstanciels indiquent dans quelles circonstances se produit l'action exprimée par le verbe. Ils répondent à différentes questions.

CC de **temps** : *quand ?*	**L'été dernier**, ils se rencontrèrent.
CC de **lieu** : *où ?*	Elle attend **dans le couloir**.
CC de **cause** : *pourquoi ?*	Tu as fait cela **par jalousie**.
CC de **manière** : *comment ?*	Elle lut la lettre **à voix haute**.
CC de **moyen** : *au moyen de quoi ?*	Il l'a stoppé **d'un geste**.
CC de **but** : *dans quel but ?*	Il travaille **de manière à réussir**.

1 Les mots en italique sont-ils des compléments d'objet (CO) ou des compléments circonstanciels (CC) ? Coche la bonne réponse.

1. On pardonne *à Paul* ❑ **CO** ❑ **CC**. – **2.** Il est sorti *à trois heures* ❑ **CO** ❑ **CC**. – **3.** Il répare *un moteur* ❑ **CO** ❑ **CC**. – **4.** Il marche *à pas pressés* ❑ **CO** ❑ **CC**. – **5.** Il boit *lentement* ❑ **CO** ❑ **CC**. – **6.** Il travaille *pour vivre* ❑ **CO** ❑ **CC**.

2 Précise la fonction des mots en italique (CC de lieu, de temps, de manière...).

1. Le menuisier rabote la planche *avec minutie* (........................) *pour qu'il ne reste aucune aspérité* (........................). – **2.** La cuisinière surveille son rôti *de crainte qu'il ne brûle* (........................). – **3.** Une fleur diurne est une fleur qui se ferme *la nuit* (........................). – **4.** *En raison de la grève des transports* (........................), l'ouvrier est arrivé *en retard* (........................) *à l'usine* (........................). – **5.** *Le 14 juillet prochain* (........................), toute la famille part *au Maroc* (........................) *en avion* (........................).

3 Enrichis la phrase suivante en utilisant toutes les informations qui te sont données sur les circonstances.

Les comédiens ont participé à un tournage.
Circonstances : cela s'est passé dans le sud de la France, au mois de septembre ; le tournage est destiné à une série télé ; les comédiens l'ont fait avec passion.

> Tu dois ajouter quatre CC ; certains éléments vont devoir être reformulés.

....

....

7 Grammaire

Distinguer un participe présent, un gérondif et un adjectif verbal

● Le **participe présent** est formé du radical du verbe et de la terminaison *-ant* (pour les verbes des 1ᵉʳ et 3ᵉ groupes) ou *-issant* (pour les verbes du 2ᵉ groupe). Le participe présent est une forme verbale **invariable**, souvent suivie d'un complément ; il exprime une action en train de se faire. *L'homme, **hurlant** de peur, se mit à courir.*

● Le **gérondif** est une forme verbale **invariable** qui se construit avec la préposition *en* suivie d'un participe présent. *La mer s'avance **en mugissant**.*

● Un **adjectif verbal** est un adjectif dérivé d'un participe présent. Il **s'accorde** en genre et en nombre avec le nom qu'il qualifie. *J'aime la mer **mugissante** et houleuse.* Certains adjectifs verbaux ont une orthographe différente du participe présent. Retiens que les verbes en *-quer* et *-guer* ont leur participe présent en *-quant* et *-guant* et leur adjectif verbal en *-cant* et *-gant* : *fatiguant* (p. prés.), *fatigant* (adj. verbal) ; *provoquant* (p. prés.), *provocant* (adj. verbal).

1 Souligne les participes présents de cet extrait de *L'Odyssée*, puis réécris-le en mettant les participes présents à l'imparfait.

Ulysse maniait l'arc, le retournant en tous sens, l'examinant sous tous les angles, craignant que les vers n'aient mangé la corne durant son absence.

Homère, *L'Odyssée*, trad. M. Woronoff © Casterman S.A., 1996.

....

....

2 Indique dans les parenthèses si le mot en italique est un participe présent (P), un gérondif (G) ou un adjectif verbal (A), puis accorde-le si nécessaire.

1. Cette odeur de tarte aux pommes me *rappelant*.... (......) mon enfance,

m'emporte dans des souvenirs *apaisant*.... (......). – **2.** C'est en *voyageant*....

(......) que l'on apprend. – **3.** Des résultats *satisfaisant*.... (......) sont *encou-*

rageant.... (......). – **4.** Tout le monde avait remarqué cet énergumène *déam-*

bulant.... (......) dans la rue.

> Seul l'adjectif verbal s'accorde.

3 Complète le tableau suivant.

Verbe	Participe présent	Adjectif verbal
étonner	....	....
communiquer	....	....
amuser	....	....
intriguer	....	....

8 Grammaire
Identifier un complément du nom et un complément de l'adjectif

● Un nom ou un adjectif peut avoir un complément qui le précise. Les compléments du nom ou de l'adjectif se trouvent en posant les questions *à quoi ? à qui ? de quoi ? de qui ?...* après le nom ou l'adjectif (et non après le verbe, comme c'est le cas pour les CO).

● Ces compléments, dits déterminatifs, peuvent être notamment :
– un nom, un groupe nominal : *Elle était folle de joie.* → *Elle était folle de quoi ? de joie* = complément de l'adjectif *folle*.
– un pronom : *Le vaniteux connaît le contentement de soi.* → *Le vaniteux connaît le contentement de quoi ? de soi* = complément du nom *contentement*.
– un verbe à l'infinitif : *C'est facile à réaliser.* → *C'est facile à quoi ? à réaliser* = complément de l'adjectif *facile*.

1 Souligne le ou les complément(s) de chaque nom en italique.

Les hommes portaient un *pantalon* de laine, les braies, et des chaussures ou des *bottines* en cuir souple. [...] L'hiver, ils préféraient une *tunique* en laine à manches longues, retenue par une ceinture ; au besoin, une lourde *cape* en laine complétait leur tenue.
Les femmes celtes se vêtaient d'une longue robe ample, retenue par une *ceinture* à boucle en tissu ou en cuir. Par temps froid, elles couvraient leurs épaules d'un châle ou d'une grande cape selon la température.

H. M. Martell, *Les Celtes,* coll. « Entrez chez », adaptation française F. Jean © Gründ, Paris, pour l'édition française.

2 Souligne le complément du nom, puis relie-le à l'idée qu'il traduit.

une corbeille à papier ●　　　● matière

les fables de La Fontaine ●　　　● possession

un manteau de fourrure ●　　　● but

3 Souligne les compléments des adjectifs, et encadre les adjectifs.

1. Soyons bons pour les animaux. – 2. L'orgueil nous rend insupportables aux autres. – 3. Il est impatient de partir. – 4. Il a réussi ses examens et il est fier de lui. – 5. Il est plein d'humour et généreux envers les autres, mais il est parfois jaloux de leur réussite. – 6. Il n'est jamais content de son sort et il est enclin à se plaindre.

Commence par encadrer les adjectifs.

4 Classe les compléments que tu as soulignés dans l'exercice 3 selon leur nature.

Noms (ou GN) : ....

Pronoms : ....

Verbes : ....

Identifier la fonction d'un adjectif : épithète, attribut, apposé

● L'adjectif qualificatif est **épithète** lorsqu'il suit ou précède le nom qu'il qualifie. L'adjectif épithète appartient au groupe nominal.
*Une lune **terne** et **pâle** monte dans le ciel.*

● L'adjectif qualificatif est **apposé** (ou épithète détaché) lorsqu'il est séparé du nom qu'il qualifie par une virgule. L'adjectif apposé appartient au groupe nominal.
***Terne** et **pâle**, la lune monte dans le ciel.*

● L'adjectif qualificatif est **attribut du sujet** lorsqu'il attribue une qualité au sujet par le biais d'un verbe d'état (*être, devenir, sembler, demeurer...*). L'adjectif attribut du sujet appartient au groupe verbal.
*Paul semble **inquiet**.*

1 **Indique la fonction des adjectifs en italique : épithète (É) ou apposé (A).**

Légère (......) et court *vêtue* (......), elle allait à *grands* (......) pas ;

Ayant mis ce jour-là

Cotillon *simple* (......), et souliers *plats* (......).

Notre laitière ainsi *troussée* (......)

Comptait déjà dans sa pensée

Tout le prix de son lait.

> Il y a quatre adjectifs épithètes et deux adjectifs apposés.

D'après J. de La Fontaine, « La Laitière et le pot au lait », in *Fables*, 1668-1694.

2 **Indique la fonction des adjectifs en italique et souligne le nom qu'ils caractérisent.**

D'une façon *générale* (...................), l'introduction *récente* (...................) des machines dans l'industrie est une *véritable* (...................) révolution. Cette conquête de l'industrie *moderne* (...................) était *indispensable* (...................). *Fière* (...................) de son efficacité, l'industrie prospère. Ce progrès paraît *intéressant* (...................) car le rendement est *meilleur* (...................).

3 **Souligne les adjectifs de ce texte, puis classe-les selon leur fonction.**

M. Chabre avait épousé [...] la blonde Estelle, grande belle fille de dix-huit ans ; et, depuis quatre ans, il attendait, anxieux, consterné, blessé de l'inutilité de ses efforts. [...] Sa face blême et usée par les soucis de l'argent était plate et banale comme un trottoir.

É. Zola, *Les Coquillages de M. Chabre*, 1883.

Adjectifs épithètes : ....

Adjectifs apposés : ....

Adjectifs attributs du sujet : ....

Identifier le lien entre des propositions

● Une proposition est un ensemble de mots disposés autour d'un verbe conjugué. Une **phrase simple** comporte un seul verbe conjugué, donc une seule proposition. Une **phrase complexe** comporte plusieurs verbes conjugués, donc plusieurs propositions.

● Ces propositions peuvent être reliées de trois façons différentes :
– lorsque deux propositions sont reliées par un signe de ponctuation (virgule, deux points, point virgule), on dit qu'elles sont reliées par **juxtaposition** :
Le chat n'est pas là : les souris dansent.
– lorsque deux propositions sont reliées par une conjonction de coordination (*mais, ou, et, donc, or, ni, car*), on dit qu'elles sont reliées par **coordination** :
Le chat n'est pas là, **donc** *les souris dansent.*
– lorsque deux propositions sont reliées par un mot subordonnant (conjonction de subordination, pronom relatif, mot interrogatif), on dit qu'elles sont reliées par **subordination** : *Quand le chat n'est pas là, les souris dansent.*

1 Lis cet extrait découpé en trois phrases, et souligne les verbes conjugués.

1. Nous sommes descendus dans le salon et j'ai demandé à maman si on pouvait sortir jouer dans le jardin et maman a dit qu'il faisait trop froid, mais Louisette a fait le coup des paupières et elle a dit qu'elle voulait voir les jolies fleurs. – **2.** Alors, ma maman a dit qu'elle était un adorable poussin et elle a dit de bien nous couvrir pour sortir. – **3.** Il faudra que j'apprenne pour les paupières, ça a l'air de marcher drôlement, ce truc !

R. Goscinny, *Le Petit Nicolas* © Denoël, 1960.

2 Pour chacune des phrases du texte de Goscinny, indique le nombre de propositions.

> Dans une phrase, il y a autant de propositions que de verbes conjugués.

1. .... 2. .... 3. ....

3 Les phrases du texte de Goscinny ont été découpées ci-dessous en propositions. Indique entre chacune d'elles le mot ou le signe qui les relie, ainsi que la nature de ce lien : juxtaposition (J), coordination (C), subordination (S).

1. proposition 1 → **et (C)** → proposition 2 → .... (......) → proposition 3 → .... (......) → proposition 4 → .... (......) → proposition 5 → .... (......) → proposition 6 → .... (......) → proposition 7 → .... (......) → proposition 8.

> Pour t'aider, commence par entourer dans le texte les mots ou signes qui relient les propositions.

2. proposition 1 → .... (......) → proposition 2 → .... (......) → proposition 3.

3. proposition 1 → .... (......) → proposition 2 → .... (......) → proposition 3.

13

Identifier une proposition principale, subordonnée, indépendante

● Une proposition **indépendante** exprime une idée complète.
Une **phrase simple** est une proposition indépendante.
Dans une phrase complexe, les propositions indépendantes peuvent être reliées :
– par **juxtaposition** (par un signe de ponctuation) : *Il a réussi/ : il le méritait.* → cette phrase est constituée de deux propositions indépendantes ;
– par **coordination** (par une conjonction de coordination) : *Il a réussi/ car il le méritait.* → cette phrase est constituée de deux propositions indépendantes.

● Dans une phrase complexe, une proposition **subordonnée** est une proposition qui dépend d'une proposition dite **principale** à laquelle elle est reliée par un mot subordonnant qui peut être :
– une **conjonction de subordination** : *Il a réussi/ parce qu'il le méritait.* → cette phrase est constituée d'une proposition principale (*Il a réussi*) et d'une proposition subordonnée (*parce qu'il le méritait*) ;
– un **pronom relatif** : *Il a obtenu la récompense/ qu'il méritait.* → cette phrase est constituée d'une proposition principale (*Il a obtenu la récompense*) et d'une proposition subordonnée (*qu'il méritait*) ;
– un **mot interrogatif** : *Je me demande/ quelle récompense il va obtenir.* → cette phrase est constituée d'une proposition principale (*Je me demande*) et d'une proposition subordonnée (*quelle récompense il va obtenir*).

1 Dans chaque phrase, souligne par un trait la proposition principale et par des pointillés la ou les proposition(s) subordonnée(s).

1. Il lui a demandé si elle préférait dîner à la maison ou au restaurant.
– **2.** Des gens cheminaient entre les champs. – **3.** Une personne, dont j'ai oublié le nom, m'a demandé de vos nouvelles. – **4.** Lorsque j'entends le tonnerre, je me réfugie sous les draps parce que je suis terrifiée. – **5.** Une joie exubérante et forte remplissait les cœurs et débordait sur la terre. – **6.** Comme il est toujours en retard, ses amis ne lui font plus confiance.

> Attention, il y a deux phrases qui ne contiennent que des propositions indépendantes.

2 Transforme les deux propositions indépendantes en une principale et une subordonnée, en choisissant un mot subordonnant dans la liste suivante : *qui – si – où.*

1. Elle connaît un parc. Dans ce parc, il y a une aire de pique-nique.

→ ....

2. Pierre a trouvé la recette d'un plat indien. Ce plat est très épicé.

→ ....

3. Dis-lui bonjour de ma part. Tu rencontres Jeanne.

→ ....

> L'ordre des propositions peut changer.

Reconnaître une proposition subordonnée relative

● Une proposition **subordonnée relative** est introduite par un pronom relatif qui représente un nom ou un pronom, appelé **antécédent**, contenu dans la proposition principale.
*J'aperçois un <u>homme</u> **qui** nage.* → le pronom relatif *qui* représente l'antécédent *homme*.

● Les **pronoms relatifs**, placés en tête d'une subordonnée relative, ont deux formes : les formes simples, invariables (*qui, que, qu', quoi, dont, où*) et les formes composées, variables (*lequel, auquel, duquel, lesquels, à laquelle, auxquelles…*).

1 **Souligne les propositions subordonnées relatives de ce texte.**

Un petit sac de filet contenait les plus belles billes, qu'une à une l'on m'avait données et que je ne mêlais pas aux vulgaires. Et puis, dans un gros sac de toile, tout un peuple de billes grises qu'on gagnait, qu'on perdait, et qui servaient d'enjeu lorsque, plus tard, je pus trouver de vrais camarades de jeu.
Un autre jeu dont je raffolais, c'est cet instrument de merveilles qu'on appelle kaléidoscope : une sorte de lorgnette qui, dans l'extrémité opposée à celle de l'œil, propose au regard une toujours changeante rosace, formée de mobiles en verres de couleur emprisonnés entre deux vitres translucides.

> Il y a huit propositions subordonnées relatives.

D'après A. Gide, *Si le grain ne meurt* © Gallimard, 1919.

2 **Relève les pronoms relatifs du texte de Gide et indique quel est leur antécédent.**

1. qu' → billes.

2. .... → ....

3. .... → ....

4. .... → ....

5. qui → ....

6. .... → ....

7. .... → ....

8. .... → ....

3 **Transforme chaque couple de phrases simples en une phrase complexe comportant une proposition subordonnée relative.**

1. C'est un oranger. Ses fruits sont petits. → ....

2. Ce sont des fleurs. Elles fanent vite. → ....

3. C'est une plage. J'aime y aller. → ....

4. C'est un ami. Nous le voyons souvent. → ....

5. Ce sont des livres. J'y tiens énormément. → ....

6. C'est un journaliste. Il travaille à l'étranger. → ....

7. C'est une ville. Je l'ai visitée. → ....

8. C'est un livre. J'en ai entendu parler. → ....

Grammaire 13

Reconnaître une proposition subordonnée conjonctive

> ● Une proposition **subordonnée conjonctive** est introduite par une conjonction de subordination (*que, quand, si, comme...*) ou par une locution conjonctive (*parce que, tandis que, après que...*).
>
> ● Une proposition subordonnée conjonctive est appelée subordonnée **complétive** lorsqu'elle occupe une fonction essentielle dans la phrase, c'est-à-dire lorsqu'elle ne peut être ni supprimée ni déplacée. Une subordonnée complétive remplit le plus souvent la fonction de COD.
> *Je vois **que tu as compris**.* → la subordonnée complétive *que tu as compris*, COD du verbe *vois*, ne peut pas être supprimée.
>
> ● Une proposition subordonnée conjonctive est appelée subordonnée **circonstancielle** lorsqu'elle remplit la fonction de complément circonstanciel (de temps, de lieu...).
> ***Quand il pleut**, on préfère rester chez soi.* → la subordonnée circonstancielle *quand il pleut* est complément circonstanciel de la principale *on préfère rester chez soi*.

1 Souligne les propositions subordonnées complétives de ce texte, puis encadre les conjonctions de subordination qui les introduisent.

Ma mère me pria de m'asseoir. Mon fils jouait sur le sol et nous le surveillions. J'attendais que ma mère parlât. Souhaitait-elle que le sujet de mon frère fût mentionné ? Ma mère soupira, se leva et prit une lettre dans le tiroir de sa table à écrire. J'attendais qu'elle revînt.

D'après P. Buck, *Vent d'est, vent d'ouest* (1923) trad. G. Delamain © Stock, 1963.

2 Réécris chaque phrase en remplaçant le groupe nominal en italique par une proposition subordonnée circonstancielle.

1. *En période de forte chaleur*, il faut boire pour s'hydrater.

→ ....

2. Donnons-nous rendez-vous *à l'endroit de ton choix*.

→ ....

> Une proposition contient un verbe conjugué.

3. Il va certainement neiger *à cause du froid*.

→ ....

3 Dans chaque phrase, souligne la proposition subordonnée, puis indique sa fonction.

1. Il s'approche pour que je le voie. → .... – 2. J'aime le chocolat parce que c'est doux. → .... – 3. Elle se faufile comme elle peut dans la foule. → .... – 4. Ferme la fenêtre de crainte que l'on ne t'entende. → .... – 5. Je t'appelle dès qu'il arrive. → ....

14 Grammaire
Reconnaître
une tournure impersonnelle

● Une tournure impersonnelle se caractérise par l'emploi :
– d'un verbe conjugué à la 3e personne du singulier ;
– d'un pronom sujet *il*, pronom neutre qui **ne représente rien** ni personne.
Il paraît *que le cinéma est fermé.* → *Il* ne représente rien ni personne.

● On distingue :
– les verbes qui sont toujours impersonnels (*il neige, il pleut...*) ;
– les verbes qui sont occasionnellement impersonnels (*il semble, il convient, il importe...*).

1 Donne la forme impersonnelle de chaque verbe en italique
(au présent de l'indicatif), puis relie-la au complément qui convient.

1. *se lire* : Il .... ●   ● beaucoup de livres à la bibliothèque.

2. *convenir* : Il .... ●   ● des bruits étranges.

3. *se trouver* : Il .... ●   ● un grand malheur.

4. *suffire* : Il .... ●   ● que vous fassiez un petit effort.

5. *arriver* : Il .... ●   ● que Pâques tombe un lundi.

6. *se répandre* : Il .... ●   ● de partir maintenant.

2 Transforme chaque phrase en utilisant une tournure impersonnelle.

1. Il y a eu de la gelée. → ....

2. Le tonnerre grondait. → ....

3. La neige fut tombée. → ....

4. Il tombera de la pluie. → ....

> Respecte
> le temps
> de la phrase
> d'origine.

3 Souligne les tournures impersonnelles de ce texte, puis classe les verbes
selon qu'ils sont *toujours* ou *occasionnellement* impersonnels.

J'ai dévoré force moutons.
Que m'avaient-ils fait ? Nulle offense :
Même il m'est arrivé quelquefois de manger
Le Berger.
Je me dévouerai donc, s'il le faut ; mais je pense
Qu'il est bon que chacun s'accuse ainsi que moi :
Car on doit souhaiter selon toute justice
Que le plus coupable périsse.

J. de La Fontaine, « Les Animaux malades de la peste », in *Fables*, 1668-1694.

Verbe(s) toujours impersonnel(s) : ....

Verbe(s) occasionnellement impersonnel(s) : ....

Connaître les terminaisons constantes de l'indicatif présent

Les terminaisons du présent de l'indicatif varient selon les groupes.

● 1er groupe : *-e, -es, -e, -ons, -ez, -ent.*
Parler : je parle, tu parles, il parle, nous parlons, vous parlez, ils parlent.

● 2e groupe : *-is, -is, -it, -issons, -issez, -issent.*
Finir : je finis, tu finis, il finit, nous finissons, vous finissez, ils finissent.

● 3e groupe : *-s, -s, -t* ou *-d, -ons, -ez, -ent.*
Dormir : je dors, tu dors, il dort, nous dormons, vous dormez, ils dorment.
La terminaison *-d* ne peut concerner que les verbes en *-dre* (*prendre : il prend*).

1 **Complète les verbes avec la bonne terminaison (*-ie, -ies, -is* ou *-it*), puis écris dans les parenthèses l'infinitif du verbe.**

1. Je *sour*.... (..................) au photographe. – **2.** Je n'*env*.... (....................)

pas le sort de certains. – **3.** Tu *stupéf*.... (......................) tout le monde. –

4. Le ciel *noirc*.... (...............................) avant l'orage. – **5.** Tu *v*....

(.......................) à la campagne ou en ville ? – **6.** Je *tr*.... (......................)

mes affaires avant le déménagement.

> Il y a deux verbes du 3e groupe.

2 **Coche la bonne orthographe.**

1. Le chirurgien ❏ **effectue** ❏ **effectut** une opération délicate. – **2.** Il ❏ **conclue** ❏ **conclut** son

spectacle par un long monologue. – **3.** Le coureur ❏ **accentue** ❏ **accentut** son effort. – **4.** Tu

❏ **exclues** ❏ **exclus** cette possibilité. – **5.** Tu ❏ **sues** ❏ **sus** à grosses gouttes.

3 **Complète les verbes avec la bonne terminaison (*-oue, -oues, -ous* ou *-oud*), puis donne l'infinitif du verbe.**

1. Tu *j*..... (...............) du saxophone depuis longtemps ? – **2.** Elle *éch*..... (................) de peu

à son examen. – **3.** Je *b*..... (.................) de colère devant l'injustice. – **4.** Il *c*..... (.............)

aussi bien qu'une couturière. – **5.** Je *l*..... (.................) une maison au bord de la mer.

4 **Mets les verbes entre parenthèses au présent de l'indicatif.**

Tous les jours je *(manger)* .... au restaurant, et je *(penser)* .... pouvoir

dire que, chaque jour, je *(grossir)* .... un peu plus. Mon diététicien, qui *(connaître)*

.... ma gourmandise, me *(conseiller)* .... de faire des efforts. Il me

(prescrire) .... un régime draconien qui ne me *(réjouir)* .... pas du tout.

Conjuguer *dire, faire, pouvoir, vouloir* à l'indicatif présent

● *Dire, faire, pouvoir* et *vouloir* sont des verbes du 3ᵉ groupe dont la conjugaison est irrégulière. Observe ce tableau.

dire	faire	pouvoir	vouloir
je dis	je fais	je **peux**	je **veux**
tu dis	tu fais	tu **peux**	tu **veux**
il dit	il fait	il **peut**	il **veut**
nous disons	nous faisons	nous pouvons	nous voulons
vous **dites**	vous **faites**	vous pouvez	vous voulez
ils disent	ils **font**	ils **peuvent**	ils **veulent**

1 Mets les formes suivantes à la personne du pluriel correspondante du présent de l'indicatif.

1. je dis : nous ....
4. il peut : ....

2. il dit : ....
5. tu fais : ....

3. tu veux : ....
6. il fait : ....

2 Dans chaque liste, barre l'intrus.

1. dis – peuvent – disez – fais.
4. veux – dirent – peux – fait.

2. voulont – font – disent – pouvons.
5. dit – dites – pouvez – faîtes.

3. prenons – fesons – disons – peut.
6. disons – veulons – faisons – veulent.

Demande-toi s'il s'agit de verbes au présent.

3 Ces phrases sont extraites du *Petit Prince* de Saint-Exupéry. Conjugue les verbes entre parenthèses au présent de l'indicatif.

1. « S'il te plaît... apprivoise-moi ! » *(dire)* ....-il. « Je *(vouloir)* .... bien, répondit le petit prince, mais je n'ai pas beaucoup de temps. » – **2.** « Les serpents boas *(avaler)* .... leur proie tout entière, sans la mâcher. Ensuite, ils ne *(pouvoir)* .... plus bouger et ils *(dormir)* .... pendant les six mois de leur digestion. » – **3.** Et je lançai : « Ça, c'est la caisse. Le mouton que tu *(vouloir)* .... est dedans ? » – **4.** Alors, le petit prince remarqua gravement : « Ça ne *(faire)* .... rien, c'est tellement petit chez moi. » – **5.** « Quand on *(vouloir)* .... un mouton, c'est la preuve qu'on *(exister)* .... » – **6.** « S'il s'agit d'une brindille de radis ou de rosier, on *(pouvoir)* .... la laisser pousser comme elle *(vouloir)* .... »

A. de Saint-Exupéry, *Le Petit Prince* © Gallimard, 1943.

17 Conjugaison

Conjuguer les verbes en -*dre*, -*ttre*, -*tir* à l'indicatif présent

Les verbes en **-*dre***, ***-ttre***, et les verbes en **-*tir*** qui ont leur participe présent en -*ant* (et non en -*issant*) sont des verbes du 3e groupe.

● Les verbes en **-*dre*** gardent à toutes les personnes le -*d* du radical :
Je rends, tu rends, il rend, nous rendons, vous rendez, ils rendent.
Attention :
– les verbes en **-*indre*** et **-*soudre*** perdent le -*d* et sont particulièrement irréguliers :
Je feins, tu feins, il feint, nous feignons, vous feignez, ils feignent.
Je résous, tu résous, il résout, nous résolvons, vous résolvez, ils résolvent.
– le verbe **prendre** et ses dérivés perdent le -*d* aux personnes du pluriel (*nous prenons...*).

● Les verbes en **-*ttre*** gardent aux personnes du singulier un seul -*t* du radical :
Je permets, tu permets, il permet, nous permettons, vous permettez, ils permettent.

● Les verbes en **-*tir*** perdent le -*t* du radical aux deux premières personnes du singulier :
Je sens, tu sens, il sent, nous sentons, vous sentez, ils sentent.
Attention : le verbe **vêtir** et ses dérivés gardent le -*t* (*je vêts, tu vêts, il vêt...*).

.1 **Relie chaque verbe à sa terminaison.**

il absou- ●   ● -d

tu rejoin- ●

elle mor- ●   ● -t

je consen- ●

on se déten- ●   ● -ts

il gein- ●

tu per- ●   ● -ds

je comba- ●

tu pen- ●   ● -s

Commence par chercher l'infinitif de ces verbes.

.2 **Conjugue les verbes entre parenthèses au présent.**

1. Ils (*peindre*) .... des paysages. – **2.** On ne dit pas « le sucre (*fondre*) ....

dans l'eau » mais « le sucre (*se dissoudre*) .... dans l'eau ». – **3.** Est-ce que vous

(*craindre*) .... la chaleur en été ? – **4.** Nous (*résoudre*) .... ce problème

avec difficulté. – **5.** Vous les (*rejoindre*) .... à la maison ? – **6.** Ils (*mettre*)

.... toujours beaucoup de temps pour faire ce trajet. – **7.** Ils (*se répandre*)

.... en excuses. – **8.** Vous (*prendre*) .... la première à gauche, vous

(*descendre*) .... la petite rue, puis vous m'(*attendre*) ....

20

Conjuguer un verbe à l'imparfait, au passé simple et au futur simple

● À l'**imparfait** et au **futur simple** de l'indicatif, les terminaisons sont les mêmes pour tous les groupes. Au **passé simple**, il existe quatre types de terminaisons différents.

Temps	Groupes	Terminaisons	Exemples
Imparfait	1, 2, 3	-ais, -ais, -ait, -ions, -iez, -aient	*je plantais*
Passé simple	1	-ai, -as, -a, -âmes, -âtes, -èrent	*je mangeai*
	2, 3	-is, -is, -it, -îmes, -îtes, -irent	*je rendis*
	3	-us, -us, -ut, -ûmes, -ûtes, -urent	*je sus*
		-ins, -ins, -int, -înmes, -întes, inrent	*je tins*
Futur simple	1, 2, 3	-rai, -ras, -ra, -rons, -rez, -ront	*je coudrai*

1 Souligne les verbes conjugués à l'indicatif, puis indique leur temps.

Un jour, je voyageais en Calabre : c'est un pays de méchantes gens, qui, je crois, n'aiment personne et en veulent surtout aux Français. De vous dire pourquoi, cela serait trop long. [...] J'avais pour compagnon un jeune homme. Dans ces montagnes, les chemins sont des précipices : nos chevaux marchaient avec beaucoup de peine ; mon camarade allant devant, un sentier qui lui parut plus praticable et plus court nous égara. Ce fut ma faute...

P.-L. Courier, *Lettres de France et d'Italie*, 1828.

> Indique les temps dans l'ordre où les verbes apparaissent dans le texte.

1. ....

2. ....

3. ....

4. ....

5. ....

6. ....

7. ....

8. ....

9. ....

10. ....

11. ....

2 Complète le tableau.

	Présent	Imparfait	Futur simple	Passé simple
écrire (elle)	....	....	....	....
....	bondissez	....	....	....
venir (je)	....	....	....	....
causer (ils)	....	....	....	....
....	....	buvait	....	....
salir (tu)	....	....	....	....
faire (nous)	....	....	....	....

19 Conjugaison

Conjuguer les verbes en *-yer* aux temps simples de l'indicatif

● Au **présent** et au **futur**, les verbes en *-yer* changent le **y** en **i** devant le **e** muet : *j'appuie, j'appuierai ; tu nettoie, tu nettoieras.*
Toutefois, les verbes en *-ayer* peuvent conserver le **y** devant le **e** muet : *je paie/ je paye, je paierai/ je payerai.*

● À l'**imparfait**, aux deux premières personnes du pluriel, les verbes *-yer* s'écrivent avec un **y** et un **i** : *nous payions ; vous ployiez.*

● Au **passé simple**, la conjugaison est régulière : *il broya ; elles rayèrent.*

1 **Coche la forme correcte.**

1. Lors de notre première rencontre, tu me ❑ **vouvoyais** ❑ **vouvoyai**, mais maintenant tu me ❑ **tutoyes** ❑ **tutoies**. – **2.** Le moniteur de l'auto-école ❑ **essait** ❑ **essaie** de m'expliquer comment on passe les vitesses : on ❑ **débraie** ❑ **débrait**, on pousse le levier, puis on ❑ **embraye** ❑ **embrais** ; je le sais mais j'❑ **appuis** ❑ **appuie** trop fort sur l'accélérateur et je cale. – **3.** Mon grand frère zozote, ma sœur ❑ **bégaye** ❑ **bégaille** ; j'espère que mon petit frère ne ❑ **zézayera** ❑ **zézaieras** pas… – **4.** Le médecin reçoit un patient qui a les yeux qui ❑ **larmoient** ❑ **larmoiyent** ; il les ❑ **essuit** ❑ **essuie** sans cesse. – **5.** Le vent se leva, les feuilles ❑ **tournoièrent** ❑ **tournoyèrent** puis un éclair ❑ **foudroya** ❑ **foudroia** le cerisier dont les branches ❑ **ployais** ❑ **ployaient** ; tout cela m'❑ **effrayait** ❑ **effrayais**.

2 **Conjugue les verbes à la personne et au temps de l'indicatif demandés.**

> Au futur, *envoyer* se conjugue comme *voir*.

Infinitif	Personne	Temps	
nettoyer	3e pers. du singulier	présent	....
appuyer	1re pers. du pluriel	futur	....
rayer	3e pers. du pluriel	imparfait	....
broyer	2e pers. du singulier	passé simple	....
délayer	1re pers. du singulier	présent	....
ennuyer	3e pers. du pluriel	imparfait	....
s'apitoyer	1re pers. du pluriel	imparfait	....
effrayer	3e pers. du pluriel	passé simple	....
envoyer	1re pers. du pluriel	futur	....

20 Conjuguer les verbes en -*eler* et -*eter* aux temps simples de l'indicatif

● Au **présent** et au **futur**, les verbes en -*eler* et en -*eter* prennent généralement deux *l* ou deux *t* lorsque le *e* se prononce «è» : *j'appelle, tu jettes, elle appellera, ils jetteront*. Mais : *nous appelons, vous jetez*.

● Un petit nombre de verbes (*déceler, ciseler, démanteler, geler, marteler, modeler, peler, acheter, crocheter, fureter, haleter...*) font exception à cette règle : ces verbes prennent un **accent grave** sur le *e* lorsque celui-ci se prononce «è» : *tu achèteras, elles modèleront*.

● À l'**imparfait** et au **passé simple**, la conjugaison est régulière : *il jetait, ils jetèrent ; nous modelions, tu modelas*.

1 Conjugue les verbes à la personne et au temps de l'indicatif demandés.

Infinitif	Personne	Temps	
étiqueter	2ᵉ pers. du singulier	présent	....
harceler	3ᵉ pers. du pluriel	présent	....
renouveler	3ᵉ pers. du pluriel	présent	....
peler	1ʳᵉ pers. du singulier	imparfait	....
empaqueter	3ᵉ pers. du pluriel	présent	....
congeler	3ᵉ pers. du singulier	passé simple	....
modeler	3ᵉ pers. du pluriel	futur	....
feuilleter	1ʳᵉ pers. du singulier	futur	....

Il y a quatre verbes qui doublent la consonne devant le *e*.

2 Conjugue le verbe à la 1ʳᵉ personne du singulier du présent de l'indicatif, puis donne un nom de la même famille.

1. marteler → .... → ....

2. appeler → .... → ....

3. ficeler → .... → ....

4. écarteler → .... → ....

3 Souligne, dans l'exercice précédent, les verbes conjugués et les noms s'écrivant avec un double *l*. Que remarques-tu ?

....

....

21 Conjugaison

Conjuguer un verbe aux temps composés de l'indicatif

● Les temps composés se construisent avec l'**auxiliaire** *être* ou *avoir* à un temps simple et le **participe passé** du verbe conjugué. Observe ce tableau.

Temps composé	Temps de l'auxiliaire	Exemples
passé composé	présent	*il a senti – il est allé*
plus-que-parfait	imparfait	*il avait senti – il était allé*
passé antérieur	passé simple	*il eut senti – il fut allé*
futur antérieur	futur	*il aura senti – il sera allé*

1 Relie chaque phrase au temps auquel le verbe en italique est conjugué.

Il *a répondu* à ma lettre. ●

Tu *avais oublié* notre rendez-vous. ●

● passé composé

Aurez-vous *fini* avant demain ? ●

● plus-que-parfait

Les voisins *s'étaient plaints* du bruit. ●

● futur antérieur

L'été *est revenu*, avec sa chaleur harassante. ●

● passé antérieur

Quand il *fut sorti*, nous reprîmes le débat. ●

Regarde le temps de l'auxiliaire.

2 Conjugue les verbes entre parenthèses au temps demandé.

1. Les citoyens (*élire*, passé composé) .... le président de la République.

2. Quand elle (*dîner*, futur antérieur) ...., elle pourra regarder la télévision.

3. Si vous l'(*voir*, plus-que-parfait) .... ! Il était splendide !

4. Le paysage (*changer*, plus-que-parfait) .... après l'orage.

5. Il (*décliner*, passé composé) .... mon invitation.

6. Je me réjouissais car tu (*revenir*, plus-que-parfait) .... sain et sauf.

7. Ce lapin (*bondir*, plus-que-parfait) .... si vite que je n'(*pouvoir*, plus-que-parfait) .... le saisir.

8. Ses cheveux (*blondir*, passé composé) .... avec le soleil.

9. Quand ils (*convenir*, passé antérieur) .... d'un rendez-vous précis, ils se séparèrent.

10. Nous (*devoir*, passé composé) .... louer une voiture car la nôtre est en panne.

11. Quand ils (*admettre*, passé antérieur) .... qu'ils (*commettre*, plus-que-parfait) .... une erreur, l'assemblée manifesta sa colère.

12. J'espère qu'il (*prendre*, futur antérieur) .... le temps de se renseigner.

Conjuguer un verbe à la voix passive

● Un verbe est à la voix passive quand **le sujet subit l'action** exprimée par le verbe.
Le suspect est reconnu par un témoin. → c'est *le témoin* qui fait l'action
de *reconnaître* ; le sujet *le suspect* subit l'action exprimée par le verbe.

● Un verbe au passif se construit avec l'auxiliaire *être* et le **participe passé**
de ce verbe.
Il peut être conjugué à tous les temps, simples et composés, de l'indicatif.
Attention : c'est l'auxiliaire *être* qui prend la marque du temps.
*Je **suis** étonné par son attitude.* → présent passif du verbe *étonner*.
*J'**ai été** étonné par son attitude.* → passé composé passif du verbe *étonner*.

1 Dans chaque phrase, souligne le verbe conjugué puis indique s'il est
au passé composé (PC) de la voix active ou au présent (P) de la voix passive.

1. Pendant les soldes, les vêtements sont vendus à prix réduits. → ....

2. Ce sportif a grimpé les marches de la tour Eiffel sans s'arrêter

une seule fois. → ....

3. La souris est poursuivie par le chat. → ....

4. Avec cette chaleur, il a vendu tout son stock de bouteilles d'eau. → ....

5. Pierre est encore arrivé en retard à son rendez-vous. →..........

6. Le plastique est fabriqué à partir des dérivés du pétrole. → ....

7. À Noël, les enfants sont couverts de cadeaux. → ....

> À la voix active, c'est le sujet qui fait l'action exprimée par le verbe.

2 Souligne, dans l'extrait suivant, le verbe conjugué à la voix passive,
puis donne l'infinitif et le temps de ce verbe.

> Dès l'après-midi, la souris avait été attaquée par les oiseaux et les chiens. Elle était couverte
> de bleus et de blessures.

A. Lobel, *Fables*, trad. C. Chaine © L'École des loisirs, 1980.

Infinitif : .... Temps : ....

3 Conjugue les verbes entre parenthèses au temps demandé
et à la voix passive.

1. La falaise (*battre*, présent) .... par les flots.

2. Elle (*surprendre*, passé simple) .... par sa réaction.

3. Ce roman (*tirer*, passé composé) .... à mille exemplaires.

4. Nous (*protéger*, présent) .... par les vaccins.

5. Les graines (*choisir*, imparfait) .... par les agriculteurs.

6. Je pense que tu (*séduire*, futur) .... par son charme.

> La voix passive se construit toujours avec l'auxiliaire *être* : n'oublie pas de faire les accords.

Conjuguer un verbe à l'impératif présent

● L'impératif est un mode qui sert à exprimer une interdiction, un ordre, un conseil.

● L'impératif ne se conjugue qu'à trois personnes, et le sujet n'est pas exprimé. Les terminaisons de l'impératif présent varient selon les groupes.
– 1er groupe : *-e, -ons, -ez. Chante, chantons, chantez.*
– 2e groupe : *-is, -issons, -issez. Finis, finissons, finissez.*
– 3e groupe : *-s* ou *-e, -ons, -ez. Bois, buvons, buvez.* – *Cueille, cueillons, cueillez.*
Retiens les formes particulières des auxiliaires *avoir* et *être* à l'impératif présent.
Avoir : *aie, ayons, ayez.*   **Être** : *sois, soyons, soyez.*

● Quand un verbe à l'impératif est suivi par *en* ou *y*, on ajoute un *s* si ce verbe se termine par une voyelle (cas de l'auxiliaire *avoir*, des verbes du 1er groupe et de certains verbes du 3e groupe, à la 2e personne du singulier). *Parles-en. Vas-y.*

1 Relie chaque phrase à l'idée qu'elle exprime.

Prends le courrier. ●   ● ordre

Ne mange pas trop de chocolats. ●   ● conseil

Appelle-moi quand tu veux. ●   ● proposition

2 Conjugue chaque verbe à la 2e personne du singulier de l'impératif présent, en ajoutant *en* ou *y* (ex : *acheter → achètes-en*).

En et *y* sont des pronoms qui peuvent représenter des choses ou des lieux.

1. avoir → ....

2. manger → ....

3. penser → ....

4. aller → ....

5. courir → ....

6. cueillir → ....

3 Réécris chaque consigne d'incendie en remplaçant la tournure « il faut que... » par un verbe à l'impératif ; utilise la 2e personne du pluriel.

1. Il ne faut pas fumer. → ....

2. Il faut savoir où sont les extincteurs. → ....

3. Il ne faut jamais encombrer les portes de sortie. → ....

4. Il faut suivre les exercices d'évacuation. → ....

4 Réécris ce texte en imaginant que Victor Hugo s'adresse à un ami qu'il tutoie.

Cette tête de l'homme du peuple, cultivez-la, arrosez-la, nourrissez-la, éclairez-la, faites-en bon usage ; vous n'aurez pas besoin de la couper.

D'après V. Hugo, *Claude Gueux*, 1843.

....

....

24 Conjugaison

Conjuguer un verbe au conditionnel présent et passé

● Le conditionnel présent est un temps simple. Tous les verbes ont les mêmes terminaisons, toujours précédées de la lettre r : *-ais, -ais, -ait, -iez, -ions, -aient.*
Retiens que :
– les verbes des 1er et 2e groupes conservent l'infinitif en entier (*je chanterais, il finirait*) ;
– les verbes *mourir, courir, acquérir* et leurs dérivés ne conservent que le radical et doublent le **r** (*je mourrais*).

● Le **conditionnel passé** est un temps composé construit avec l'auxiliaire *être* ou *avoir* au conditionnel présent et le participe passé du verbe conjugué (*je serais venu, tu aurais couru*).

● À la 1re personne du singulier, les verbes se prononcent de la même façon au **conditionnel présent** et à l'**indicatif futur.** Pour ne pas confondre ces temps, retiens que le conditionnel exprime en général une action incertaine ou simplement imaginée, tandis que le futur exprime une action future dont la réalisation est envisagée comme certaine.
*Demain, j'ir**ai** à la mer.* → futur.   *S'il faisait beau, j'ir**ais** à la mer.* → conditionnel.
Quand tu hésites, remplace la 1re personne par la 3e personne du singulier, tu entendras ainsi la différence. *Demain, il ir**a** à la mer. S'il faisait beau, il ir**ait** la mer.*

1 Complète le tableau suivant.

	Indicatif futur	Conditionnel présent	Conditionnel passé
placer (nous)	....	....	....
courir (je)	....	....	....
jeter (tu)	....	....	....
scier (je)	....	....	....
dire (on)	....	....	....
voir (je)	....	....	....
peindre (elle)	....	....	....

Certains verbes doublent la consonne finale du radical au futur, il en est de même au conditionnel présent.

2 Mets les verbes à l'indicatif futur ou au conditionnel présent selon le sens.

« Comme j'(*aimer*) .... sortir de là ! » À ce moment, Alice se met à repenser à sa

chatte Dinah qui est restée à la maison et elle se promet d'être très gentille avec elle dès

qu'elle la (*retrouver*) .... « Je lui (*donner*) .... du lait tiède tous les

matins, je lui (*fabriquer*) .... une souris en chiffon. Oh, mon Dieu, que j'(*aimer*)

.... qu'elle soit ici avec moi, je (*pouvoir*) .... lui parler ! ».

D'après L. Caroll, *Alice au pays des merveilles* (1865), trad. J. Papy © Pauvert, 1961.

25 Conjugaison
Conjuguer un verbe
au subjonctif présent

● Les terminaisons du subjonctif présent sont les mêmes pour tous les groupes : **-e, -es, -e, -ions, -iez, -ent**.
Retiens les formes particulières des auxiliaires *avoir* et *être* au subjonctif présent.
Avoir : *que j'aie, que tu aies, qu'il ait, que nous ayons, que vous ayez, qu'ils aient.*
Être : *que je sois, que tu sois, qu'il soit, que nous soyons, que vous soyez, qu'ils soient.*

● Certains verbes se prononcent de la même façon au **présent de l'indicatif** et au **présent du subjonctif**. Pour les distinguer, retiens que l'indicatif est employé pour exprimer des actions réelles, tandis que le subjonctif est utilisé pour exprimer des actions souhaitées ou incertaines.
Je vois qu'il **court**. → indicatif.   *Je veux qu'il* **coure**. → subjonctif.
Quand tu hésites, remplace la forme douteuse par un verbe du 3ᵉ groupe qui se prononce différemment à l'indicatif présent et au subjonctif présent.
Je vois qu'il **part**. *Je veux qu'il* **parte**.

1 Conjugue les verbes entre parenthèses au subjonctif présent.

« Donnez-moi cet arc afin que je (*faire*) .... l'épreuve de mes mains et de ma force, et

que je (*voir*) .... si j'ai conservé ma puissance d'autrefois. »

Homère, *L'Odyssée*, trad. Leconte de Lisle.

2 Conjugue les verbes au subjonctif présent.

1. broyer : que je ....

2. sauter : que nous ....

3. dormir : que tu ....

4. finir : qu'il ....

5. aller : qu'ils ....

6. lire : que vous ....

3 Relie chaque début de phrase au temps attendu dans la proposition subordonnée.

Je doute que... ●

Je vois que... ●

Il faut que... ●

Je veux que... ●

Je souhaite que... ●

Je sais que... ●

● présent de l'indicatif

● présent du subjonctif

> Les verbes qui expriment le souhait, l'obligation, le doute, sont suivis du subjonctif.

4 Coche la forme verbale qui convient.

1. Je suis sûr que tu ❏ **peux** ❏ **puisses** courir plus vite. – **2.** Le pompier ❏ **secourt** ❏ **secoure** les blessés. – **3.** Il n'est pas certain qu'il ❏ **a** ❏ **ait** bien compris. – **4.** Il est nécessaire que tu ❏ **revois** ❏ **revoies** ta leçon.

28

26 Orthographe
Accorder le verbe
avec son sujet : cas difficiles

● Mets le verbe au **singulier** quand :
– le sujet ne désigne pas une personne : *Il s'agit de vous.*
– le sujet est *on, chacun, aucun, rien, personne, tout le monde* : *Personne ne vient.*

● Mets le verbe au **pluriel** quand :
– il y a plusieurs sujets : *Faire et rêver font deux.*
– le sujet est *beaucoup, plusieurs, trop* : *Beaucoup s'y opposent.*

● Fais attention aux **sujets inversés**. Pour repérer le sujet, pose la question
qui est-ce qui ? ou ***qu'est-ce qui ?*** avant le verbe.
La joie que me procurent lecture et musique est intense. → ***qu'est-ce qui*** *me procure*
de la joie ? lecture et musique = sujet du verbe *procurer.*

1 Relie chaque sujet au groupe verbal qui convient.

Plusieurs de mes amis ●

Vincent, mon ami, ●   ● connaît ce peintre.

Tout le monde ●

Vincent et ma sœur ●   ● connaissent ce peintre.

Vincent, ma sœur, tout le monde ●

2 Souligne les sujets, puis conjugue chaque verbe entre parenthèses au temps demandé.

Lord Evandale (*être*, présent) .... l'un de ces jeunes Anglais, parfaits à tous points de vue,

comme en (*fabriquer*, présent) .... les grands bourgeois et les nobles britanniques.

Il (*posséder*, présent) .... cette sûreté que (*donner*, présent) ....

une fortune imposante, un nom historique et une beauté parfaite.

Cette année-là Lord Evandale, un savant et un médecin (*visiter*, présent) ....

l'Égypte ; c'est vers les rochers de la funèbre Vallée des rois que (*se diriger*, présent)

.... le lord et le savant lorsque brusquement (*entrer*, présent) ....

en scène un nouveau personnage.

Il (*s'agir*, présent) .... d'un grec, Argypopoulos, entrepreneur

de fouilles, qui a découvert l'entrée d'un tombeau. Sa connaissance des lieux

et sa grande expérience lui (*permettre*, passé composé) ....

de trouver une tombe où personne jusqu'à présent n'(*entrer*, passé composé)

....

Il y a quatre
sujets
inversés
dans ce texte.

Th. Gautier, *Le Roman de la momie*, 1858.

Distinguer un verbe conjugué d'un participe passé en -*i* ou -*u*

● Il ne faut pas confondre les **participes passés en** -*i* (-*is, -ie, -ies*) ou -*u* (-*us, -ue, -ues*) avec les **verbes conjugués** dont les terminaisons sont -*is, -it*, ou -*us, -ut*.
Quand tu hésites, mets la forme douteuse à l'imparfait : si la phrase a du sens, il s'agit d'un verbe conjugué et non d'un participe passé.
Le boulanger fournit le pain. → Il s'agit d'un verbe conjugué (au présent de l'indicatif) car on peut dire : *Le boulanger **fournissait** le pain.*
*Le pain **fourni** par le boulanger est frais.* → On ne peut pas dire *fournissait*, il s'agit donc d'un participe passé.

---

1 Coche la bonne orthographe.

1. La lionne ❏ **nourrie** ❏ **nourrit** ses petits.

2. Il ❏ **voulu** ❏ **voulut** intervenir.

3. Le malade ❏ **guéri** ❏ **guérit** retrouve ses forces.

4. Le notaire a ❏ **inclus** ❏ **inclut** cette clause dans le contrat.

5. Tu as ❏ **menti** ❏ **mentis** à tout le monde.

6. Il n'a pas ❏ **su** ❏ **sut** me dire où tu étais.

7. Il n'a pas ❏ **appris** ❏ **apprit** sa leçon.

> Un participe passé peut être utilisé pour construire un temps composé ; il peut aussi être employé comme adjectif qualificatif.

2 Souligne les participes passés.

1. L'oiseau prit son envol. – **2.** L'héritage transmis à ses enfants est dérisoire ; ils sont déçus car ils auraient voulu l'investir. – **3.** L'ébéniste vernit un meuble ancien. – **4.** Il s'aperçut qu'il avait omis d'acheter le journal. – **5.** Il n'a pas fourni l'effort voulu. – **6.** Le candidat apprit qu'il avait réussi, ce qui l'emplit de joie. – **7.** Il but avec plaisir un café en terrasse. – **8.** Ta visite inattendue m'a surpris. – **9.** L'air a fraîchi en fin de journée.

3 Complète les mots en italique si nécessaire.

1. Les vacanciers furent *pri*..... dans un embouteillage. – **2.** Il *du*..... s'arrêter pour souffler. – **3.** Le médicament *prescri*..... ne *fi*..... pas l'effet *prévu*..... – **4.** Le maçon *entrepri*..... de construire un mur. – **5.** Ce matin, la voiture n'a pas *voulu*..... démarrer, et je *vi*..... le moment où j'allais être en retard à mon rendez-vous *pri*..... la veille avec mon banquier. – **6.** Cet œillet *flétri*..... doit être jeté. – **7.** La campagne *reverdi*..... chaque printemps. – **8.** Il *voulu*..... intervenir dans la discussion, mais il ne *su*..... que dire de plus pour faire avancer le débat.

> Trois mots ne sont pas à compléter.

28 Orthographe
Accorder un participe passé

● Lorsque le participe passé a valeur d'**adjectif**, il s'accorde avec le nom auquel il se rapporte : *La soupe servie va refroidir.*

● Lorsque le participe passé est employé avec l'**auxiliaire *être*** pour former un temps composé, il s'accorde avec le sujet du verbe : *Les pêcheurs sont partis.*

● Lorsque le participe passé est employé avec l'**auxiliaire *avoir*** pour former un temps composé, il est invariable. Mais, s'il y a un COD placé avant le participe passé, celui-ci s'accorde en genre et en nombre avec ce COD.
Pour trouver le COD, il faut poser la question *qui ?* ou *quoi ?* en respectant l'ordre suivant : Sujet → auxiliaire → participe passé → *qui ? quoi ?*
Il s'intéresse aux ruines qu'ont laissées les empires disparus. → *les empires ont laissé quoi ? qu',* mis pour *ruines.* Le COD est placé avant le participe passé, donc le participe passé s'accorde avec ce COD (féminin pluriel).

---

1 Souligne les COD puis, pour chaque participe passé, coche la bonne orthographe.

Innocent, j'avais ❑ **menti** ❑ **mentis** en inventant les détails des fautes que

je n'avais pas ❑ **commis** ❑ **commises**. [...] Les mains de Soledad avaient

❑ **descendues** ❑ **descendu** et avaient ❑ **découvert** ❑ **découverts** ses yeux

❑ **rempli** ❑ **remplis** de larmes. Un instant, elle avait ❑ **pressée** ❑ **pressé** sur

son visage la grappe de jasmin ; puis d'un geste vif et doux à la fois, elle

l'avait ❑ **portée** ❑ **porté** contre sa bouche.

R. Margerit, *L'Île des perroquets* © Phébus, 1946.

> Lorsque le COD est un pronom, cherche ce qu'il représente.

2 Complète les participes passés en italique si nécessaire, puis réécris chaque phrase en remplaçant le(s) mot(s) souligné(s) par ceux qui te sont proposés.

1. <u>Sandrine</u> est *allé*.... au cinéma ce week-end.

→ Jean et moi ....

2. J'ai *lu*.... tous les livres de la bibliothèque.

→ Les élèves ....

3. <u>L'ami</u> que j'ai *rencontré*.... hier a *arrêté*.... de fumer depuis peu de temps.

→ Les amis de mon frère ....

....

> Les nouveaux débuts de phrase peuvent modifier les accords des participes passés, mais ils peuvent aussi avoir une incidence sur d'autres éléments.

4. <u>Il</u> a *visité*.... la tour Eiffel ; il est *monté*.... par l'ascenseur, a *admiré*....

la vue de Paris et est *redescendu*.... par l'escalier.

→ Cette touriste ....

....

Former le pluriel d'un nom composé

● Dans les noms composés, seuls les **noms** et les **adjectifs** prennent la marque du pluriel ; les **verbes**, les **prépositions**, les **adverbes** restent invariables. Observe ces exemples :
– *un passe-partout, des passe-partout* (verbe + adverbe) ;
– *un coffre-fort, des coffres-forts* (nom + adjectif) ;
– *un chat-tigre, des chats-tigres* (nom + nom).

● Un nom élément d'un nom composé est donc en principe variable ; mais, dans le cas où le **nom composé** est **formé d'un verbe ou d'un nom et de son complément**, celui-ci peut rester invariable (toujours au singulier ou toujours au pluriel). C'est le sens qui décide. Observe ces exemples :
– *un chasse-neige, des chasse-neige* (un ou des chasse-neige chassent **la** neige) ;
– *un coupe-légumes, des coupe-légumes* (un ou des coupe-légumes servent à couper **plusieurs** légumes) ;
– *un timbre-poste, des timbres-poste* (il s'agit d'un timbre ou de timbres pour **la** poste).

1 Avant d'écrire le nom composé au pluriel, précise la nature du premier mot (écris « 1 » dans la case qui convient) et du second (écris « 2 » dans la case qui convient).

Singulier	Nom	Adjectif	Verbe	Mot invariable	Pluriel
un sous-sol	2	......	......	1	des sous-sols
un casse-croûte	......	......	......	......	....
un laissez-passer	......	......	......	......	....
un chou-fleur	......	......	......	......	....
un wagon-citerne	......	......	......	......	....
un micro-ordinateur	......	......	......	......	....
un beau-frère	......	......	......	......	....
un avant-centre	......	......	......	......	....

2 Écris les noms composés au pluriel.

1. un cerf-volant → ....

2. une eau-de-vie → ....

3. un avant-goût →................................

4. un perce-neige → ....

5. un porte-bagages → ....

6. un œil-de-bœuf → ....

3 Barre l'intrus.

1. un sans-gêne – un rendez-vous – un sous-titre.

2. des bouche-trous – des essuie-mains – des chasse-mouches.

Pour trouver l'intrus, fais varier le nombre (singulier, pluriel).

Corrigés

1 Grammaire — Les déterminants (1)

1 Lis ce texte, puis réponds aux questions.

> <u>Un</u> jour, monseigneur Yvain voit <u>un</u> lion qu'<u>un</u> serpent tient par la queue en lui brûlant l'échine. Il se range du côté du lion, car aux êtres venimeux et félons on ne doit faire que du mal ; or le serpent est venimeux, du feu lui jaillit du gosier.

1. Souligne les articles indéfinis de ce texte.
2. Relève un groupe nominal dont le nom est introduit par :
   – un article défini féminin → la queue.
   – un article défini contracté pluriel → aux êtres venimeux et félons.
3. Classe chacun des groupes nominaux suivants selon la nature de son déterminant : *du côté – du lion – du mal – du feu – du gosier.*

Article défini contracté	Article partitif
du côté – du lion – du gosier	du mal – du feu

● L'article défini permet de désigner une chose (*la* queue) ou un être (*le* serpent) précis, mais aussi des catégories générales (*aux* êtres).

● *Mal* et *feu* ne sont pas des éléments précisément quantifiables : *du* est ici un article partitif (*du mal = une certaine quantité de mal*).

2 Complète les phrases avec les articles de la liste suivante : *un – l' – le – les – du – de – des – au – aux.*

1. Achète du pain avant de rentrer. – 2. Hier, j'ai rencontré un ami. – 3. Que prends-tu au petit déjeuner ? du thé ou du café ? – 4. Cette fille a de longs cheveux. – 5. Y a-t-il encore des voyageurs dans le train ? – 6. On me dit souvent que je pense trop aux autres. – 7. L'été, j'aime bien prendre un café en terrasse. – 8. Les éléphants sont herbivores.

● En complétant ces phrases, tu as utilisé les trois sortes d'articles :
– articles définis : *au (3), le (5), aux (6), l' (7), les (8)* ;
– articles indéfinis : *un (2, 7), de (4), des (5)* ;
– articles partitifs : *du (1, 3)*.

2 Grammaire — Les déterminants (2)

1 Précise la nature de chaque déterminant en italique : possessif (P), démonstratif (D), indéfini (I), numéral cardinal (NC), numéral ordinal (NO).

1. Je fais *ce* (D) gâteau à *chaque* (I) anniversaire de *mon* (P) fils. – 2. J'ai parlé avec *votre* (P) sœur hier, c'était la *première* (NO) fois que je la voyais ; *cette* (D) fille est merveilleuse, même si comme tout le monde, elle a *quelques* (I) défauts. – 3. On leur a demandé de venir sans *leurs* (P) *deux* (NC) enfants. – 4. Pour un *même* (I) jeu, il peut y avoir *plusieurs* (I) variantes.

● Les déterminants peuvent s'utiliser seuls ou se combiner avec d'autres déterminants : *leurs deux (3), un même (4).*

2 Complète le texte en utilisant les déterminants indéfinis suivants : *chaque – aucun – certaine – même – quelque.*

J'aime partir en voyage, car alors chaque jour est différent du précédent. Je ressens une certaine inquiétude avant de partir, mais une fois arrivée, aucun argument ne pourrait me donner envie de partir. Malheureusement, c'est toujours la même chose : après quelque temps, il faut rentrer.

● *Chaque* et *aucun* ne varient pas en nombre car ils déterminent toujours un nom singulier. *Certain, même, quelque* s'accordent avec le nom qu'ils déterminent.

3 Réécris ces phrases en mettant les mots en italique au pluriel.

1. Il n'a jamais oublié d'apporter son *livre*, ce garçon est très sérieux.
→ *Ils n'ont* jamais oublié d'apporter *leurs livres, ces garçons sont* très sérieux.
2. J'ai quelque *idée* sur la question, mais *je* ne dévoilerai pas mon *opinion*.
→ *Nous avons quelques idées* sur la question, mais *nous* ne *dévoilerons* pas *nos opinions*.
3. *Tu* as trahi la confiance de ton *ami*, ses sentiments ne peuvent plus être les mêmes. → *Vous avez* trahi la confiance de *vos amis, leurs sentiments* ne peuvent plus être les mêmes.

● Vérifie que tu as bien fait toutes les modifications nécessaires : dans le corrigé, les mots qui ont changé sont en italique.

Grammaire

Pronoms personnels et possessifs

1 Indique *à qui* ou *à quoi* renvoient les pronoms personnels.

Jean téléphone à Cécile. *Il* (Jean) *lui* (Cécile) demande de *le* (Jean) retrouver sur la plage et de *lui* (Jean) apporter des fruits frais. *Elle* (Cécile) *lui* (Jean) répond qu'*elle* (Cécile) ne peut pas *y* (la plage) aller et que, de toute façon, *elle* (Cécile) n'*en* (des fruits frais) a plus.

● Dans une même phrase, le même pronom peut représenter des personnes ou des choses différentes : dans la 2e phrase, *lui* remplace *Cécile*, puis *Jean*.

2 Réécris en remplaçant les mots en italique par un pronom personnel.

1. Il passe la soirée chez *ses parents*. → Il passe la soirée chez eux.
2. Tu te souviens *de notre rencontre* ? → Tu t'en souviens ?
3. *Toi et moi* allons accrocher *ce tableau* au mur. → Nous allons l'accrocher au mur.
4. Crois-tu *au hasard* ? → Y crois-tu ?

● *Y* et *en* peuvent avoir la fonction de complément de lieu ou de complément d'objet, comme ici.

3 Réécris chaque phrase en remplaçant les mots en italique par un pronom possessif.

1. Avez-vous sorti *vos poubelles* ? → Avez-vous sorti les vôtres ?
2. *Mes chaussures* sont trop grandes. → Les miennes sont trop grandes.
3. Dans *notre soda*, il n'y a pas de paille. → Dans le nôtre, il n'y a pas de paille.
4. Tu as donné *tes livres* à Paul. → Tu as donné les tiens à Paul.
5. Nos voisins ont oublié *leur clé*. → Nos voisins ont oublié la leur.

● Le pronom possessif prend la personne et le nombre du **possesseur**, et le genre et le nombre de **l'objet possédé** : *les miennes* → 1re personne du singulier (possesseur : *moi*) et féminin pluriel (objet possédé : *les chaussures*).

---

4 **Grammaire**

Pronoms démonstratifs et indéfinis

1 Complète avec le pronom démonstratif qui convient, puis souligne, quand c'est possible, le nom auquel il renvoie.

1. Prends des <u>légumes</u>. – Non merci, je n'aime pas cela (*ou* ça *ou* ceux-là). – 2. Il pratique différents <u>sports</u> mais il préfère ceux qui se déroulent à l'extérieur. – 3. Quels sont les <u>chevaux</u> les plus rapides : ceux-ci ou ceux-là ? – 4. Marie a sa <u>chambre</u>, mais elle préfère être dans celle de sa sœur. – 5. Pourquoi fais-tu cela ? Ce n'est pas gentil.

● *Cela* et *ça* (langage courant) sont les formes renforcées de *ce*, écrites en un seul mot (*1* et *5*).

● Les **pronoms neutres** ne renvoient pas toujours à un nom (*5*)

2 Complète avec les pronoms indéfinis de la liste.

1. Rien ne sert de courir, il faut partir à point. – 2. Avez-vous appris quelque chose de nouveau ? – 3. Il faut respecter le bien d'autrui. – 4. Chacun de nous doit chercher à corriger ses défauts. – 5. Tous sont partis, il ne reste plus personne.

● *Personne* et *rien* ont un sens négatif et se construisent avec *ne*.

3 Indique la nature du mot : pronom (P) ou déterminant indéfini (D).

1. *Chacun* (P) est agacé par le bruit du voisinage. – 2. *Plusieurs* (D) pigeons roucoulent à ma fenêtre. – 3. Je n'ai *aucune* (D) chance de gagner au loto. – 4. *Chaque* (D) jour, c'est la *même* (D) chose, *certains* (P) sont à l'heure et *quelques-uns* (P) sont en retard.

● Le déterminant précède un nom, alors que le pronom remplace un nom ou un groupe nominal : ainsi il peut être sujet du verbe (*1* et *4*).

Grammaire

COD, COI et COS

1 Précise la fonction des compléments d'objet en italique.

1. Les souris ont volé *du fromage* (COD) *à la cuisinière* (COS). – 2. Le conférencier a projeté *un film* (COD) *que* (COD) les spectateurs ont beaucoup apprécié. – 3. Il a vendu *ses livres* (COD) *à un ami* (COS). – 4. Nous *vous* (COS) présentons *nos excuses* (COD). – 5. Je *lui* (COI) parle.

● *Phrase 4* : le COS peut être placé avant un COD ou un COI.

2 Souligne les COD et encadre les COI, puis classe-les dans le tableau.

1. Pense à tes parents. – 2. Il *me* voit. – 3. Dis-*le* vite. – 4. Je ne parle à personne. – 5. Il aime que les choses soient bien faites. – 6. Il aime rire. – 7. Pierre est arrivé, je *l'*ai aperçu.

● *Phrase 4* : **personne** n'est pas ici un nom mais un pronom indéfini (qui remplace le GN : *aucune personne*).

Nom ou GN	Pronom	Infinitif	Proposition
à tes parents	me – le – à personne – l'	rire	que les choses soient bien faites

3 Souligne tous les COD du texte suivant.

Le monstre meugla un effroyable cri de satisfaction gourmande. Il baissa sa tête bovine et poilue, et pointa ainsi des cornes acérées vers sa proie. Le sol était jonché d'ossements. Thésée ramassa le plus gros, il le brandit. Au moment où le monstre l'attaqua, il s'écarta pour lui asséner sur le mufle un coup suffisant pour assommer un bœuf… mais pas assez violent pour tuer un Minotaure !

● Un pronom réfléchi peut être COD : *il s'écarta = il écarta **lui**.*

● Un verbe à l'infinitif ne peut pas avoir de COD : *un bœuf* n'est pas le COD *d'assommer.*

Grammaire

Le complément circonstanciel

1 Les mots en italique sont-ils des CO ou des CC ?

1. On pardonne *à Paul* ☒ CO ❏ CC. – 2. Il est sorti *à trois heures* ❏ CO ☒ CC. – 3. Il répare *un moteur* ☒ CO ❏ CC. – 4. Il marche *à pas pressés* ❏ CO ☒ CC. – 5. Il boit *lentement* ❏ CO ☒ CC. – 6. Il travaille *pour vivre* ❏ CO ☒ CC.

● Une même préposition peut introduire différents compléments : par exemple, *à* peut introduire un COI (*1*), un CC temps (*2*), de manière (*4*).

2 Précise la fonction des mots en italique.

1. Le menuisier rabote la planche *avec minutie* (CC de manière) *pour qu'il ne reste aucune aspérité* (CC de but). – 2. La cuisinière surveille son rôti *de crainte qu'il ne brûle* (CC de but). – 3. Une fleur diurne est une fleur qui se ferme *la nuit* (CC de temps). – 4. *En raison de la grève des transports* (CC de cause), l'ouvrier est arrivé *en retard* (CC de manière) *à l'usine* (CC de lieu). – 5. *Le 14 juillet prochain* (CC de temps), toute la famille part *au Maroc* (CC de lieu) *en avion* (CC de moyen).

● *Phrase 2* : *de crainte qu'il ne brûle* est bien un CC de but car cette proposition répond à la question *dans quel but ?* Il faut entendre : *La cuisinière surveille son rôti **dans le but qu'**il ne brûle pas.*

3

3 Enrichis la phrase suivante en utilisant toutes les informations qui te sont données sur les circonstances.

En septembre, les comédiens ont participé, avec passion, à un tournage pour une série télé dans le sud de la France.

● Les CC peuvent être déplacés : la phrase proposée n'est donc qu'une possibilité parmi d'autres.

 7 Grammaire

Participe présent et adjectif verbal

1 Souligne les participes présents de cet extrait de *L'Odyssée*, puis réécris-le en mettant les participes présents à l'imparfait.

Ulysse maniait l'arc, le <u>retournant</u> en tous sens, l'<u>examinant</u> sous tous les angles, <u>craignant</u> que les vers n'aient mangé la corne durant son absence.

Ulysse maniait l'arc, le retournait en tous sens, l'examinait sous tous les angles, craignait que les vers n'aient mangé la corne durant son absence.

● Tu peux utiliser cette substitutio pour repérer les participes présents dans une phrase.

2 Indique dans les parenthèses si le mot en italique est un participe présent (P), un gérondif (G) ou un adjectif verbal (A), puis accorde-le si nécessaire.

1. Cette odeur de tarte aux pommes me *rappelant* (P) mon enfance, m'emporte dans des souvenirs *apaisants* (A). – 2. C'est en *voyageant* (G) que l'on apprend. – 3. Des résultats *satisfaisants* (A) sont *encourageants* (A). – 4. Tout le monde avait remarqué cet énergumène *déambulant* (P) dans la rue.

● On peut dire *des idées apaisan**tes** des notes satisfaisan**tes*** qui sont *encouragean**tes*** : ce sont donc des adjectifs verbaux.

3 Complète le tableau suivant.

Verbe	Participe présent	Adjectif verbal
étonner	étonnant	étonnant
communiquer	communiquant	communicant
amuser	amusant	amusant
intriguer	intriguant	intrigant

● Le participe présent est une form verbale, il conserve donc le radical en entier : *communiqu-*, *intrigu-*.

 8 Grammaire

Compléments du nom et de l'adjectif

1 Souligne le ou les complément(s) de chaque nom en italique.

Les hommes portaient un *pantalon* <u>de laine</u>, les braies, et des chaussures ou des *bottines* <u>en cuir souple</u>. [...] L'hiver, ils préféraient une *tunique* <u>en laine à manches longues</u>, retenue par une ceinture ; au besoin, une lourde *cape* <u>en laine</u> complétait leur tenue.
Les femmes celtes se vêtaient d'une longue robe ample, retenue par une *ceinture* <u>à boucle</u> <u>en tissu</u> ou <u>en cuir</u>. Par temps froid, elles couvraient leurs épaules d'un châle ou d'une grande cape selon la température.

● Lorsque plusieurs compléments du nom se succèdent, c'est le sens qui nous dit ce qu'ils complètent : *en tissu* et *en cuir* sont bien des compléments du nom *ceinture*, et nor *boucle*, car c'est la *ceinture* qui est *en tissu* ou *en cuir* et non la *boucle*.

2 Souligne le complément du nom, puis relie-le à l'idée qu'il traduit.

une corbeille <u>à papier</u> •   • matière
les fables <u>de La Fontaine</u> •   • possession
un manteau <u>de fourrure</u> •   • but

● Une *corbeille à papier* est une corbeille ***pour*** *jeter le papier* : le complément traduit bien une idée de but.

Souligne les compléments des adjectifs, et encadre les adjectifs.

1. Soyons |bons| pour les animaux. – **2.** L'orgueil nous rend |insupportables| aux autres. – **3.** Il est |impatient| de partir. – **4.** Il a réussi ses examens et il est |fier| de lui. – **5.** Il est |plein| d'humour et |généreux| envers les autres, mais il est parfois |jaloux| de leur réussite. – **6.** Il n'est jamais |content| de son sort et il est |enclin| à se plaindre.

● Quand le complément de l'adjectif est un GN, un pronom ou un verbe, il est toujours introduit par une préposition.

4 **Classe les compléments que tu as soulignés selon leur nature.**

Noms (ou GN) : pour les animaux – d'humour – de leur réussite – de son sort.
Pronoms : aux autres – de lui – envers les autres.
Verbes : de partir – à se plaindre.

● *Les autres* est un pronom qui représente ici le GN *les autres personnes* (2 et 5).

9 Grammaire Les fonctions de l'adjectif

1 **Indique la fonction des adjectifs en italique : épithète (É) ou apposé (A).**

Légère (**A**) et court *vêtue* (**A**), elle allait à *grands* (**É**) pas ;
Ayant mis ce jour-là.
Cotillon *simple* (**É**), et souliers *plats* (**É**).
Notre laitière ainsi *troussée* (**É**)
Comptait déjà dans sa pensée
Tout le prix de son lait.

● Pour qualifier un pronom (ici *elle*, qui remplace *la laitière*), l'adjectif est toujours apposé.

● *Grands* qualifie *pas*, *simple* qualifie *cotillon*, *plats* qualifie *souliers* et *troussée* qualifie *laitière*.

2 **Indique la fonction des adjectifs et souligne le nom qu'ils caractérisent.**

D'une façon *générale* (épithète), l'introduction *récente* (épithète) des machines dans l'industrie est une *véritable* (épithète) révolution. Cette conquête de l'in-dustrie *moderne* (épithète) était *indispensable* (attribut). *Fière* (apposé) de son efficacité, l'industrie prospère. Ce progrès paraît *intéressant* (attribut) car le ren-dement est *meilleur* (attribut).

● Dans la 2e phrase, *moderne* caractérise *industrie* et *indispensable* caractérise *conquête*.

3 **Souligne les adjectifs de ce texte, puis classe-les selon leur fonction.**

M. Chabre […] avait épousé […] la blonde Estelle, grande belle fille de dix-huit ans ; et, depuis quatre ans, il attendait, anxieux, consterné, blessé de l'inutilité de ses efforts. […] Sa face blême et usée par les soucis de l'argent était plate et banale comme un trottoir.

Adjectifs épithètes : blonde – grande – belle – blême – usée.
Adjectifs apposés : anxieux – consterné – blessé.
Adjectifs attributs du sujet : plate – banale.

● On trouve de très nombreux adjectifs dans ce texte car il s'agit d'un texte descriptif : Estelle est décrite sur le plan physique, M. Chabre est décrit sur les plans physique et moral.

10 Grammaire Les liens entre les propositions

 Lis cet extrait découpé en trois phrases, et souligne les verbes conjugués.

1. Nous sommes descendus dans le salon et j'ai demandé à maman si on pou-vait sortir jouer dans le jardin et maman a dit qu'il faisait trop froid, mais Louisette a fait le coup des paupières et elle a dit qu'elle voulait voir les jolies fleurs. – **2.** Alors, ma maman a dit qu'elle était un adorable poussin et elle a dit de bien nous couvrir pour sortir. – **3.** Il faudra que j'apprenne pour les paupières, ça a l'air de marcher drôlement, ce truc !

● Observe le nombre important de propositions coordonnées par *et* ; cet effet de style vise à imiter la narration enfantine (c'est le petit Nicolas qui raconte) : *on a fait… et… et… et…*

2 Pour chacune des phrases du texte de Goscinny, indique le nombre de propositions.

1. Huit.   2. Trois.   3. Trois.

● Chaque phrase compte au moins trois propositions : cet extrait n'est composé que de phrases complexes

3 Les phrases ont été découpées en propositions. Indique le mot ou le signe qui les relie, ainsi que la nature de ce lien : juxtaposition (J), coordination (C), subordination (S).

1. proposition 1 → **et (C)** → proposition 2 → **si (S)** → proposition 3 → **et (C)** → proposition 4 → **qu' (S)** → proposition 5 → **mais (C)** → proposition 6 → **et (C)** → proposition 7 → **qu' (S)** → proposition 8.
2. proposition 1 → **qu' (S)** → proposition 2 → **et (C)** → proposition 3.
3. proposition 1 → **que (S)** → proposition 2 → **, (J)** → proposition 3.

● Les propositions reliées par coordination ou par juxtaposition sont **indépendantes** : on pourrait les séparer pour en faire deux phrases, par exemple (*phrase 1*) : *Nous sommes descendus au salon. J'ai demandé à maman...*

 Grammaire

Les différentes propositions

1 Dans chaque phrase, souligne par un trait la proposition principale et par des pointillés la ou les proposition(s) subordonnée(s).

1. Il lui a demandé si elle préférait dîner à la maison ou au restaurant. – 2. Des gens cheminaient entre les champs. – 3. Une personne, dont j'ai oublié le nom, m'a demandé de vos nouvelles. – 4. Lorsque j'entends le tonnerre, je me réfugie sous les draps parce que je suis terrifiée. – 5. Une joie exubérante et forte remplissait les cœurs et débordait sur la terre. – 6. Comme il est toujours en retard, ses amis ne lui font plus confiance.

● La *phrase 2* est une phrase simple la *phrase 5* est une phrase complexe constituée de deux propositions indépendantes coordonnées.
● Observe qu'une proposition subordonnée peut se placer avant la principale (4 et 6), après (1 et 4), o être insérée dans la principale (3).

2 Transforme les deux propositions indépendantes en une principale et une subordonnée.

1. Elle connaît un parc. Dans ce parc, il y a une aire de pique-nique.
→ Elle connaît un parc où il y a une aire de pique-nique.
2. Pierre a trouvé la recette d'un plat indien. Ce plat est très épicé.
→ Pierre a trouvé la recette d'un plat indien qui est très épicé.
3. Dis-lui bonjour de ma part. Tu rencontres Jeanne.
→ Si tu rencontres Jeanne, dis-lui bonjour de ma part.

● Une proposition relative a une fonction : dans la *phrase 1*, elle est complément du nom *parc* ; dans la *phrase 2*, elle est complément du nom *plat* ; dans la *phrase 3*, elle est complément circonstanciel de condition de la principale.

 Grammaire

La proposition subordonnée relative

1 Souligne les propositions subordonnées relatives de ce texte.

Un petit sac de filet contenait les plus belles billes, qu'une à une l'on m'avait données et que je ne mêlais pas aux vulgaires. Et puis, dans un gros sac de toile, tout un peuple de billes grises qu'on gagnait, qu'on perdait, et qui servaient d'enjeu lorsque, plus tard, je pus trouver de vrais camarades de jeu.
Un autre jeu dont je raffolais, c'est cet instrument de merveilles qu'on appelle kaléidoscope : une sorte de lorgnette qui, dans l'extrémité opposée à celle de l'œil, propose au regard une toujours changeante rosace, formée de mobiles verres de couleur emprisonnés entre deux vitres translucides.

● *Lorsque, plus tard, je pus trouver de vrais camarades de jeu* n'est pas une proposition subordonnée relative mais une proposition subordonnée conjonctive circonstancielle de temps.

2 Relève les pronoms relatifs du texte de Gide et indique quel est leur antécédent.

1. qu' → billes.
2. que → billes.
3. qu' → billes.
4. qu' → billes.
5. qui → billes.
6. dont → jeu.
7. qu' → instrument.
8. qui → lorgnette.

● Observe que dans une même phrase plusieurs pronoms relatifs peuvent avoir le même antécédent.

3 Transforme chaque couple de phrases simples en une phrase complexe comportant une proposition subordonnée relative.

1. C'est un oranger. Ses fruits sont petits. → C'est un oranger dont les fruits sont petits.
2. Ce sont des fleurs. Elles fanent vite. → Ce sont des fleurs qui fanent vite.
3. C'est une plage. J'aime y aller. → C'est une plage où j'aime aller.
4. C'est un ami. Nous le voyons souvent. → C'est un ami que nous voyons souvent.
5. Ce sont des livres. J'y tiens énormément. → Ce sont des livres auxquels je tiens énormément.
6. C'est un journaliste. Il travaille à l'étranger. → C'est un journaliste qui travaille à l'étranger.
7. C'est une ville. Je l'ai visitée. → C'est une ville que j'ai visitée.
8. C'est un livre. J'en ai entendu parler. → C'est un livre dont j'ai entendu parler.

● *Phrase 5 : auxquels* est un pronom relatif composé ; il s'agit du pronom relatif *lequel* au masculin pluriel (*lesquels*) combiné avec la préposition *à* (*à + lesquels = auxquels*).

---

13 Grammaire — La proposition subordonnée conjonctive

1 Souligne les propositions subordonnées complétives de ce texte, puis encadre les conjonctions de subordination qui les introduisent.

Ma mère me pria de m'asseoir. Mon fils jouait sur le sol et nous le surveillions. J'attendais que ma mère parlât. Souhaitait-elle que le sujet de mon frère fût mentionné ? Ma mère soupira, se leva et prit une lettre dans le tiroir de sa table à écrire. J'attendais qu'elle revînt.

● Les propositions subordonnées complétives sont le plus souvent introduites par *que* (ou *qu'*). Dans ce texte, elles sont toutes COD.

2 Réécris chaque phrase en remplaçant le groupe nominal en italique par une proposition subordonnée circonstancielle.

1. *En période de forte chaleur*, il faut boire pour s'hydrater.
→ Lorsqu'il fait très chaud, il faut boire pour s'hydrater.
2. Donnons-nous rendez-vous *à l'endroit de ton choix*.
→ Donnons-nous rendez-vous où tu veux.
3. Il va certainement neiger *à cause du froid*.
→ Il va certainement neiger parce qu'il fait froid.

● Il y a d'autres formulations possibles : vérifie que tu as bien créé une proposition (avec un verbe conjugué) et que ta phrase a le même sens que la phrase d'origine.

3 Dans chaque phrase, souligne la proposition subordonnée, puis indique sa fonction.

1. Il s'approche pour que je le voie. → CC de but. – 2. J'aime le chocolat parce que c'est doux. → CC de cause. – 3. Elle se faufile comme elle peut dans la foule. → CC de manière. – 4. Ferme la fenêtre de crainte que l'on ne t'entende. → CC de but. – 5. Je t'appelle dès qu'il arrive. → CC de temps.

● Pour trouver la fonction de la proposition subordonnée, tu dois poser les questions *où ? quand ? comment ?*... après le verbe de la proposition principale.

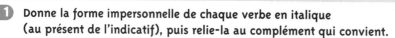

14 Grammaire — La tournure impersonnelle

1 Donne la forme impersonnelle de chaque verbe en italique (au présent de l'indicatif), puis relie-la au complément qui convient.

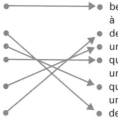

1. *se lire* : Il se lit → beaucoup de livres à la bibliothèque.

2. *convenir* : Il convient
3. *se trouver* : Il se trouve
4. *suffire* : Il suffit

• des bruits étranges.
• un grand malheur.
• que vous fassiez un petit effort.

5. *arriver* : Il arrive

• que Pâques tombe un lundi.

6. *se répandre* : Il se répand

• de partir maintenant.

● Les verbes de cet exercice sont des verbes occasionnellement impersonnels ; on pourrait dire : *cette nouvelle se lit vite, cette solution lui convient, tes clés se trouvent sur la table...*

2 Transforme chaque phrase en utilisant une tournure impersonnelle.

1. Il y a eu de la gelée.   → Il a gelé.
2. Le tonnerre grondait.   → Il tonnait.
3. La neige fut tombée.   → Il eut neigé.
4. Il tombera de la pluie.   → Il pleuvra.

● Les verbes impersonnels, comme les autres verbes, peuvent se conjuguer à tous les temps.

3 Souligne les tournures impersonnelles de ce texte, puis classe les verbes selon qu'ils sont *toujours* ou *occasionnellement* impersonnels.

> J'ai dévoré force moutons.
> Que m'avaient-ils fait ? Nulle offense :
> Même il m'est arrivé quelquefois de manger
> Le Berger.
> Je me dévouerai donc, s'il le faut ; mais je pense
> Qu'il est bon que chacun s'accuse ainsi que moi :
> Car on doit souhaiter selon toute justice
> Que le plus coupable périsse.

Verbe(s) toujours impersonnel(s) : falloir (il le faut).
Verbe(s) occasionnellement impersonnel(s) : arriver (il m'est arrivé), être (il est bon).

● Dans les fables et dans les contes, la forme impersonnelle est une tournure souvent utilisée pour produire des effets de style (*il arrive que..., il était une fois...*).

● Les verbes *arriver* et *être* peuvent se conjuguer à toutes les personnes ; seul *falloir* est strictement impersonnel.

15 Conjugaison — L'indicatif présent (1)

1 Complète les verbes, puis écris l'infinitif.

1. Je *souris* (sourire) au photographe. – 2. Je n'*envie* (envier) pas le sort de certains. – 3. Tu *stupéfies* (stupéfier) tout le monde. – 4. Le ciel *noircit* (noircir) avant l'orage. – 5. Tu *vis* (vivre) à la campagne ou en ville ? – 6. Je *trie* (trier) mes affaires avant le déménagement.

● Seuls les verbes du 1er groupe peuvent se terminer par *-ie, -ies*. Seuls les verbes des 2e et 3e groupes peuvent se terminer par *-is, -it*.

2 Coche la bonne orthographe.

1. Le chirurgien ☒ **effectue** ❏ **effectut** une opération délicate. – 2. Il ❏ **conclue** ☒ **conclut** son spectacle par un long monologue. – 3. Le coureur ☒ **accentue** ❏ **accentut** son effort. – 4. Tu ❏ **exclues** ☒ **exclus** cette possibilité. – 5. Tu ☒ **sues** ❏ **sus** à grosses gouttes.

● Seuls les verbes du 1er groupe peuvent se terminer par *-ue, -ues*. Seuls les verbes du 3e groupe peuvent se terminer par *-us, -ut*.

3 **Complète les verbes, puis donne l'infinitif.**

1. Tu *joues* (jouer) du saxophone depuis longtemps ? – 2. Elle *échoue* (échouer) de peu à son examen. – 3. Je *bous* (bouillir) de colère devant l'injustice. – 4. Il *coud* (coudre) aussi bien qu'une couturière. – 5. Je *loue* (louer) une maison au bord de la mer.

● La terminaison *-oud* est réservée au verbe *coudre* et à ses dérivés ; les autres verbes en *-oudre* prennent un *-t* à la 3e personne du singulier.

4 **Mets les verbes entre parenthèses au présent de l'indicatif.**

Tous les jours je *(manger)* mange au restaurant, et je *(penser)* pense pouvoir dire que, chaque jour, je *(grossir)* grossis un peu plus… Mon diététicien, qui *(connaître)* connaît ma gourmandise, me *(conseiller)* conseille de faire des efforts. Il me *(prescrire)* prescrit un régime draconien qui ne me *(réjouir)* réjouit pas du tout.

● Au présent de l'indicatif, les verbes en *-aître* conservent l'accent circonflexe à la 3e personne du singulier, mais le perdent aux autres personnes *(je connais, tu connais, il connaît…)*.

Conjugaison 16

L'indicatif présent (2)

1 **Mets les formes suivantes à la personne du pluriel correspondante.**

1. je dis : nous disons.
2. il dit : ils disent.
3. tu veux : vous voulez.
4. il peut : ils peuvent.
5. tu fais : vous faites.
6. il fait : ils font.

● Aux 1re et 2e personnes du pluriel, les verbes *pouvoir* et *vouloir* se conjuguent à partir de leur radical *(pouv-* et *voul-).*

2 **Dans chaque liste, barre l'intrus.**

1. dis – peuvent – ~~disez~~ – fais.
2. ~~voulent~~ – font – disent – pouvons.
3. prenons – ~~fesons~~ – disons – peut.
4. veux – ~~diront~~ – peux – fait.
5. dit – veulent – dites – pouvez – ~~faites~~.
6. disons – ~~voulons~~ – faisons – veulent.

● On dit *vous dites* et non *vous disez*.

● On écrit *nous faisons* et non *nous fesons*.

3 **Conjugue les verbes entre parenthèses au présent de l'indicatif.**

1. « S'il te plaît… apprivoise-moi ! » *(dire)* dit-il. « Je *(vouloir)* veux bien, répondit le petit prince, mais je n'ai pas beaucoup de temps. » – 2. « Les serpents boas *(avaler)* avalent leur proie tout entière, sans la mâcher. Ensuite, ils ne *(pouvoir)* peuvent plus bouger et ils *(dormir)* dorment pendant les six mois de leur digestion. » – 3. Et je lançai : « Ça, c'est la caisse. Le mouton que tu *(vouloir)* veux est dedans ? » – 4. Alors, le petit prince remarqua gravement : « Ça ne *(faire)* fait rien, c'est tellement petit chez moi. » – 5. « Quand on *(vouloir)* veut un mouton, c'est la preuve qu'on *(exister)* existe. » – 6. « S'il s'agit d'une brindille de radis ou de rosier, on *(pouvoir)* peut la laisser pousser comme elle *(vouloir)* veut. »

● Tu dois connaître parfaitement ces quatre verbes, car ils sont couramment employés et sources d'erreurs, à l'écrit comme à l'oral.

Conjugaison 17

L'indicatif présent (3)

1 **Relie chaque verbe à sa terminaison.**

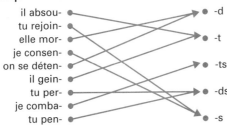

● Ces verbes ont pour infinitif : *absoudre, rejoindre, mordre, consentir, se détendre, geindre, perdre, combattre, pendre.*

2 **Conjugue les verbes entre parenthèses au présent.**

1. Ils *(peindre)* peignent des paysages. – 2. On ne dit pas « le sucre *(fondre)* fond dans l'eau » mais « le sucre *(se dissoudre)* se dissout dans l'eau ». – 3. Est-ce que vous *(craindre)* craignez la chaleur en été ? – 4. Nous *(résoudre)* résolvons ce problème avec difficulté. – 5. Vous les *(rejoindre)* rejoignez à la maison ? – 6. Ils *(mettre)* mettent toujours beaucoup de temps pour faire ce trajet. – 7. Ils *(se répandre)* se répandent en excuses. – 8. Vous *(prendre)* prenez la première à gauche, vous *(descendre)* descendez la petite rue, puis vous m'*(attendre)* attendez.

● Aux personnes du pluriel, on ajoute un *g* au radical des verbes en *-indre* : *ils peignent, vous rejoignez, nous craignons.*

---

18 Conjugaison

Imparfait, passé simple, futur simple

1 **Souligne les verbes conjugués à l'indicatif, puis indique leur temps.**

Un jour, je <u>voyageais</u> en Calabre : c'<u>est</u> un pays de méchantes gens, qui, je <u>crois</u>, n'<u>aiment</u> personne et en <u>veulent</u> surtout aux Français. De vous dire pourquoi, cela serait trop long. [...] J'<u>avais</u> pour compagnon un jeune homme. Dans ces montagnes, les chemins <u>sont</u> des précipices : nos chevaux <u>marchaient</u> avec beaucoup de peine ; mon camarade allant devant, un sentier qui lui <u>parut</u> plus praticable et plus court nous <u>égara</u>. Ce <u>fut</u> ma faute...

1. imparfait.   5. présent.   9. passé simple.
2. présent.   6. imparfait.   10. passé simple.
3. présent.   7. présent.   11. passé simple.
4. présent.   8. imparfait.

● Il ne fallait pas souligner : *dire,* qui est un infinitif ; *serait,* qui est un conditionnel présent ; *allant,* qu est un participe présent.

2 **Complète le tableau.**

	Présent	Imparfait	Futur simple	Passé simple
écrire (elle)	écrit	écrivait	écrira	écrivit
bondir (vous)	**bondissez**	bondissiez	bondirez	bondîtes
venir (je)	viens	venais	viendrai	vins
causer (ils)	causent	causaient	causeront	causèrent
boire (il)	boit	**buvait**	boira	but
salir (tu)	salis	salissais	saliras	salis
faire (nous)	faisons	faisions	ferons	fîmes

● Aux personnes du singulier, les verbes du 2e groupe (comme *salir*) ont les mêmes formes au présent et au passé simple.

● Les verbes *venir, boire, faire* sont particulièrement irréguliers, mais tu dois bien les connaître car ce sont des verbes d'usage courant.

---

19 Conjugaison

Les verbes en *-yer*

1 **Coche la forme correcte.**

1. Lors de notre première rencontre, tu me ☒ **vouvoyais** ❏ **vouvoyai**, mais maintenant tu me ❏ **tutoyes** ☒ **tutoies**. – 2. Le moniteur de l'auto-école ❏ **essait** ☒ **essaie** de m'expliquer comment on passe les vitesses : on ☒ **débraie** ❏ **débrait**, on pousse le levier, puis on ☒ **embraye** ❏ **embrais** ; je le sais mais j'❏ **appuis** ☒ **appuie** trop fort sur l'accélérateur et je cale. – 3. Mon grand frère zozote, ma sœur ☒ **bégaye** ❏ **bégaille** ; j'espère que mon petit frère ne ☒ **zézayera** ❏ **zézaieras** pas... – 4. Le médecin reçoit un patient qui a les yeux qui ☒ **larmoient** ❏ **larmoyent** ; il les ❏ **essuit** ☒ **essuie** sans cesse. – 5. Le vent se leva, les feuilles ❏ **tournoièrent** ☒ **tournoyèrent** puis un éclair ☒ **foudroya** ❏ **foudroia** le cerisier dont les branches ❏ **ployais** ☒ **ployaient** ; tout cela m'☒ **effrayait** ❏ **effrayais**.

● Attention à ne pas confondre les terminaisons du présent de l'indicatif des verbes en *-uyer* et *-oyer* avec celles de certains verbes en *-ir* ou *-re* qui se prononcent de la même façon : *je fuis (fuir),* *j'appuie (appuyer)* ; *je bois (boire),* *je tutoie (tutoyer).*

2 Conjugue les verbes à la personne et au temps de l'indicatif demandés.

Infinitif	Personne	Temps	
nettoyer	3ᵉ pers. du singulier	présent	il nettoie
appuyer	1ʳᵉ pers. du pluriel	futur	nous appuierons
rayer	3ᵉ pers. du pluriel	imparfait	ils rayaient
broyer	2ᵉ pers. du singulier	passé simple	tu broyas
délayer	1ʳᵉ pers. du singulier	présent	je délaie/ je délaye
ennuyer	3ᵉ pers. du pluriel	imparfait	ils ennuyaient
s'apitoyer	1ʳᵉ pers. du pluriel	imparfait	nous nous apitoyions
effrayer	3ᵉ pers. du pluriel	passé simple	ils effrayèrent
envoyer	1ʳᵉ pers. du pluriel	futur	nous enverrons

● Au futur, **envoyer** et **renvoyer** se conjuguent comme *voir* : *j'enverrai, tu enverras, il enverra, nous enverrons, vous enverrez, ils enverront.*

● À l'imparfait, les terminaisons des 1ʳᵉ et 2ᵉ personnes du pluriel sont *-ions* et *-iez* ; n'oublie pas le *i* qui, à l'oral, se confond avec le *y* dans les verbes en *-yer* : *nous nous apito**y**ions.*

20 Conjugaison

Les verbes en *-eler* et *-eter*

1 Conjugue les verbes à la personne et au temps de l'indicatif demandés.

Infinitif	Personne	Temps	
étiqueter	2ᵉ pers. du singulier	présent	tu étiquettes
harceler	3ᵉ pers. du pluriel	présent	ils harcèlent
renouveler	3ᵉ pers. du pluriel	présent	ils renouvellent
peler	1ʳᵉ pers. du singulier	imparfait	je pelais
empaqueter	3ᵉ pers. du pluriel	présent	ils empaquettent
congeler	3ᵉ pers. du singulier	passé simple	il congela
modeler	3ᵉ pers. du pluriel	futur	ils modèleront
feuilleter	1ʳᵉ pers. du singulier	futur	je feuilletterai

● La question du doublement du *l* ou du *t* devant le *e* ne se pose qu'au présent et au futur : au présent, pour les personnes du singulier et la 3ᵉ personne du pluriel ; au futur, pour toutes les personnes.

2 Conjugue le verbe à la 1ʳᵉ personne du singulier
du présent de l'indicatif, puis donne un nom de la même famille.

1. marteler → je martèle → martèlement, martelage
2. appeler → j'appelle → appellation
3. ficeler → je ficelle → ficelle
4. écarteler → j'écartèle → écartèlement

● Pour savoir si le verbe double ou non le *l*, essaie de trouver un nom de la même famille : s'il a une consonne double, le verbe l'aura aussi.

3 Souligne, dans l'exercice précédent, les verbes conjugués et les noms s'écrivant avec un double *l*. Que remarques-tu ?

Les noms et les verbes qui prennent un double *l* sont de la même famille.

● L'astuce proposée ci-dessus n'est valable que pour les verbes en *-eler*, et non pour les verbes en *-eter*.

Les temps composés

21 Conjugaison

1 **Relie chaque phrase au temps auquel le verbe en italique est conjugué.**

Il *a répondu* à ma lettre. ●━━━━━━━━━━→ ● passé composé

Tu *avais oublié* notre rendez-vous. ●

Aurez-vous *fini* avant demain ? ●━━━━━━━→ ● plus-que-parfait

Les voisins *s'étaient plaints* du bruit. ●

L'été *est revenu*,
avec sa chaleur harassante. ●━━━━━━→ ● futur antérieur

Quand il *fut sorti*,
nous reprîmes le débat. ●━━━━━━━→ ● passé antérieur

● Retiens bien les correspondances
a répondu est un **passé composé**
car l'auxiliaire est au **présent** ;
avais oublié est un **plus-que-parfait**
car l'auxiliaire est à l'**imparfait**, etc.

2 **Conjugue les verbes entre parenthèses au temps demandé.**

1. Les citoyens (*élire*, passé composé) ont élu le président de la République.
2. Quand elle (*dîner*, futur antérieur) aura dîné, elle pourra regarder la télévision.
3. Si vous l'(*voir*, plus-que-parfait) aviez vu ! Il était splendide !
4. Le paysage (*changer*, plus-que-parfait) avait changé après l'orage.
5. Il (*décliner*, passé composé) a décliné mon invitation.
6. Je me réjouissais car tu (*revenir*, plus-que-parfait) étais revenu sain et sauf.
7. Ce lapin (*bondir*, plus-que-parfait) avait bondi si vite que je n'(*pouvoir*, plus-que-parfait) avais pu le saisir.
8. Ses cheveux (*blondir*, passé composé) ont blondi avec le soleil.
9. Quand ils (*convenir*, passé antérieur) eurent convenu d'un rendez-vous précis, ils se séparèrent.
10. Nous (*devoir*, passé composé) avons dû louer une voiture car la nôtre est en panne.
11. Quand ils (*admettre*, passé antérieur) eurent admis qu'ils (*commettre*, plus-que-parfait) avaient commis une erreur, l'assemblée manifesta sa colère.
12. J'espère qu'il (*prendre*, futur antérieur) aura pris le temps de se renseigner.

● La plupart des verbes
se conjuguent avec l'auxiliaire
avoir ; les verbes se conjuguant
avec l'auxiliaire *être*
sont essentiellement les verbes
pronominaux et les verbes
de mouvement (*tu étais revenu*).

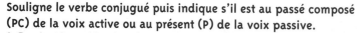

La voix passive

22 Conjugaison

1 **Souligne le verbe conjugué puis indique s'il est au passé composé (PC) de la voix active ou au présent (P) de la voix passive.**

1. Pendant les soldes, les vêtements <u>sont vendus</u> à prix réduits. → **P**
2. Ce sportif <u>a grimpé</u> les marches de la tour Eiffel sans s'arrêter une seule fois. → **PC**
3. La souris <u>est poursuivie</u> par le chat. → **P**
4. Avec cette chaleur, il <u>a vendu</u> tout son stock de bouteilles d'eau. → **PC**
5. Pierre <u>est</u> encore <u>arrivé</u> en retard à son rendez-vous. → **PC**
6. Le plastique <u>est fabriqué</u> à partir des dérivés du pétrole. → **P**
7. À Noël, les enfants <u>sont couverts</u> de cadeaux. → **P**

● Les *phrases 1, 6 et 7* sont
à la voix passive. Ici, l'agent
(celui qui fait l'action) n'est
pas exprimé. Dans la *phrase 3*,
également à la voix passive,
l'agent (*le chat*) se trouve en
position de complément d'agent.

2 **Souligne, dans l'extrait suivant, le verbe conjugué à la voix passive, puis donne l'infinitif et le temps de ce verbe.**

> Dès l'après-midi, la souris <u>avait été attaquée</u> par les oiseaux et les chiens. Elle était couverte de bleus et de blessures.

Infinitif : attaquer.   Temps : plus-que-parfait passif.

● Dans la deuxième phrase, il s'agit
du verbe *être* à l'imparfait ; *couverte*
est ici un participe passé employé
comme adjectif en position
d'attribut du sujet.

3 **Conjugue les verbes au temps demandé et à la voix passive.**

1. La falaise (*battre*, présent) est battue par les flots.
2. Elle (*surprendre*, passé simple) fut surprise par sa réaction.
3. Ce roman (*tirer*, passé composé) a été tiré à mille exemplaires.
4. Nous (*protéger*, présent) sommes protégés par les vaccins.
5. Les graines (*choisir*, imparfait) étaient choisies par les agriculteurs.
6. Je pense que tu (*séduire*, futur) seras séduit(e) par son charme.

● Pour déterminer le temps d'un verbe, tu dois d'abord te demander s'il est à la voix passive ou active : dans la *phrase 5* par exemple, il ne s'agit pas d'un plus-que-parfait mais bien d'un imparfait passif.

(23) Conjugaison — L'impératif présent

1 **Relie chaque phrase à l'idée qu'elle exprime.**

Prends le courrier. ●————————► ● ordre
Ne mange pas trop de chocolats. ●————————► ● conseil
Appelle-moi quand tu veux. ●————————► ● proposition

● Un conseil peut devenir un ordre et inversement selon l'intonation (à l'oral), le contexte, ou la ponctuation (à l'écrit).

2 **Conjugue chaque verbe à la 2ᵉ personne du singulier de l'impératif présent, en ajoutant *en* ou *y* (ex : *acheter → achètes-en*).**

1. avoir → aies-en.
2. manger → manges-en.
3. penser → penses-y.
4. aller → vas-y.
5. courir → cours-y.
6. cueillir → cueilles-en.

● *Cueillir* est un verbe du 3ᵉ groupe dont les terminaisons sont celles du 1ᵉʳ groupe (-e, -ons, -ez).

3 **Réécris chaque consigne d'incendie en remplaçant la tournure « il faut que… » par un verbe à l'impératif ; utilise la 2ᵉ personne du pluriel.**

1. Il ne faut pas fumer. → Ne fumez pas.
2. Il faut savoir où sont les extincteurs. → Sachez où sont les extincteurs.
3. Il ne faut jamais encombrer les portes de sortie. → N'encombrez jamais les portes de sortie.
4. Il faut suivre les exercices d'évacuation. → Suivez les exercices d'évacuation.

● Une interdiction peut être formulée de diverses manières : par exemple, pour la *phrase 1*, on aurait pu utiliser l'infinitif (*ne pas fumer*) ou la formule « interdiction de… » (*interdiction de fumer*).

4 **Réécris ce texte en imaginant que Victor Hugo s'adresse à un ami qu'il tutoie.**

Cette tête de l'homme du peuple, cultive-la, arrose-la, nourris-la, éclaire-la, fais-en bon usage ; tu n'auras pas besoin de la couper.

● Tous les verbes de ce texte sont à l'impératif présent, sauf le dernier (*avoir*), qui est au futur simple de l'indicatif (*aurez/auras*).

(24) Conjugaison — Conditionnel présent et passé

1 **Complète le tableau suivant.**

	Indicatif futur	Conditionnel présent	Conditionnel passé
placer (nous)	placerons	placerions	aurions placé
courir (je)	courrai	courrais	aurais couru
jeter (tu)	jetteras	jetterais	aurais jeté
scier (je)	scierai	scierais	aurais scié
dire (on)	dira	dirait	aurait dit
voir (je)	verrai	verrais	aurais vu
peindre (elle)	peindra	peindrait	aurait peint

● Comme au futur, le verbe **courir** double le *r* au conditionnel présent.

● Les verbes en -*eter* qui doublent le *t* au futur, le doublent également au conditionnel présent.

2 Mets les verbes à l'indicatif futur ou au conditionnel présent selon le sens.

« Comme j'*(aimer)* aimerais sortir de là ! » À ce moment, Alice se met à repenser à sa chatte Dinah qui est restée à la maison et elle se promet d'être très gentille avec elle dès qu'elle la *(retrouver)* retrouvera. « Je lui *(donner)* donnerai du lait tiède tous les matins, je lui *(fabriquer)* fabriquerai une souris en chiffon. Oh, mon Dieu, que j'*(aimer)* aimerais qu'elle soit ici avec moi, je *(pouvoir)* pourrais lui parler ! ».

● Les actions qu'Alice se promet de faire dans l'avenir (actions qu'elle envisage donc comme certaines) sont au **futur** (*je lui donnerai du lait* sous-entendu : quand je l'aurai retrouvée).
● Le conditionnel est utilisé pour exprimer un souhait (*aimerais*) ou une action imaginée (*je pourrais lui parler*, sous-entendu : si elle était là).

25 Conjugaison

Le subjonctif présent

1 Conjugue les verbes entre parenthèses au subjonctif présent.

« Donnez-moi cet arc afin que je *(faire)* fasse l'épreuve de mes mains et de ma force, et que je *(voir)* voie si j'ai conservé ma puissance d'autrefois. »

● La locution *afin que* exprime l'intention, le but, et est toujours suivie du subjonctif.

2 Conjugue les verbes au subjonctif présent.

1. broyer : que je broie.
2. sauter : que nous sautions.
3. dormir : que tu dormes.
4. finir : qu'il finisse.
5. aller : qu'ils aillent.
6. lire : que vous lisiez.

● Retiens la forme particulière du verbe *aller* : *que j'aille, que tu ailles, qu'il aille, que nous allions, que vous alliez, qu'ils aillent.*

3 Relie chaque début de phrase au temps attendu dans la subordonnée.

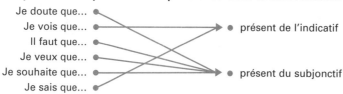

Je doute que...
Je vois que...
Il faut que...
Je veux que...
Je souhaite que...
Je sais que...

présent de l'indicatif

présent du subjonctif

● Les verbes *voir* et *savoir* introduisent une situation réelle ; les verbes *vouloir* et *souhaiter* expriment le souhait ; le verbe *falloir* exprime l'obligation ; le verbe *douter* exprime l'incertitude.

4 Coche la forme verbale qui convient.

1. Je suis sûr que tu ☒ **peux** ❑ **puisses** courir plus vite. – 2. Le pompier ☒ **secourt** ❑ **secoure** les blessés. – 3. Il n'est pas certain qu'il ❑ **a** ☒ **ait** bien compris. – 4. Il est nécessaire que tu ❑ **revois** ☒ **revoies** ta leçon.

● Les verbes d'opinion sont suivis de l'indicatif quand ils sont à la forme affirmative (1), du subjonctif quand ils sont à la forme négative (3).

26 Orthographe

Accord sujet-verbe

1 Relie chaque sujet au groupe verbal qui convient.

Plusieurs de mes amis
Vincent, mon ami,
Tout le monde
Vincent et ma sœur
Vincent, ma sœur, tout le monde

connaît ce peintre.

connaissent ce peintre.

● L'expression *Vincent, mon ami,* ne constitue qu'un seul sujet car il s'agit de la même personne.
● Quand le sujet est constitué d'une énumération reprise par un groupe de mots de sens collectif au singulier (*tout le monde*), le verbe est au singulier.

2 **Souligne les sujets, puis conjugue chaque verbe entre parenthèses au temps demandé.**

Lord Evandale (*être*, présent) est l'un de ces jeunes Anglais, parfaits à tous points de vue, comme en (*fabriquer*, présent) fabriquent les grands bourgeois et les nobles britanniques.

Il (*posséder*, présent) possède cette sûreté que (*donner*, présent) donnent une fortune imposante, un nom historique et une beauté parfaite.

Cette année-là Lord Evandale, un savant et un médecin (*visiter*, présent) visitent l'Égypte ; c'est vers les rochers de la funèbre Vallée des rois que (*se diriger*, présent) se dirigent le lord et le savant lorsque brusquement (*entrer*, présent) entre en scène un nouveau personnage.

Il (*s'agir*, présent) s'agit d'un grec, Argypopoulos, entrepreneur de fouilles, qui a découvert l'entrée d'un tombeau. Sa connaissance des lieux et sa grande expérience lui (*permettre*, passé composé) ont permis de trouver une tombe où personne jusqu'à présent n'(*entrer*, passé composé) est entré.

● Tu dois toujours rechercher le sujet en posant la question *qui est-ce qui ?* ou *qu'est-ce qui ?* sur le verbe avant de faire l'accord, car il peut être inversé ou éloigné du verbe. Ex : qu'est-ce qui donne cette sûreté ? *une fortune imposante, un nom historique et une beauté parfaite* ; qui est-ce qui est entré ? *personne.*

---

27 Orthographe

Verbe conjugué/participe passé

1 **Coche la bonne orthographe.**

1. La lionne ❏ nourrie ☒ **nourrit** ses petits.
2. Il ❏ voulu ☒ **voulut** intervenir.
3. Le malade ☒ **guéri** ❏ guérit retrouve ses forces.
4. Le notaire a ☒ **inclus** ❏ inclut cette clause dans le contrat.
5. Tu as ☒ **menti** ❏ mentis à tout le monde.
6. Il n'a pas ☒ **su** ❏ sut me dire où tu étais.
7. Il n'a pas ☒ **appris** ❏ apprit sa leçon.

● *Phrase 3* : *guéri* est utilisé comme adjectif.
● *Phrase 4* : le participe passé masculin singulier du verbe *inclure* est *inclus* ; il constitue une exception (normalement, les participes passés en *-u* s'écrivent *-u* au masculin singulier, et non *-us*).

2 **Souligne les participes passés.**

1. L'oiseau prit son envol. – 2. L'héritage transmis à ses enfants est dérisoire ; ils sont déçus car ils auraient voulu l'investir. – 3. L'ébéniste vernit un meuble ancien. – 4. Il s'aperçut qu'il avait omis d'acheter le journal. – 5. Il n'a pas fourni l'effort voulu. – 6. Le candidat apprit qu'il avait réussi, ce qui l'emplit de joie. – 7. Il but avec plaisir un café en terrasse. – 8. Ta visite inattendue m'a surpris. – 9. L'air a fraîchi en fin de journée.

● De nombreux participes passés sont utilisés comme adjectifs qualificatifs (*transmis, déçus*...). Mais attention : *inattendue* (8) n'est pas un participe passé (le verbe « inattendre » n'existe pas).

3 **Complète les mots en italique si nécessaire.**

1. Les vacanciers furent *pris* dans un embouteillage. – 2. Il *dut* s'arrêter pour souffler. – 3. Le médicament *prescrit* ne *fit* pas l'effet *prévu*. – 4. Le maçon *entreprit* de construire un mur. – 5. Ce matin, la voiture n'a pas *voulu* démarrer, et je *vis* le moment où j'allais être en retard à mon rendez-vous *pris* la veille avec mon banquier. – 6. Cet œillet *flétri* doit être jeté. – 7. La campagne *reverdit* chaque printemps. – 8. Il *voulut* intervenir dans la discussion, mais il ne *sut* que dire de plus pour faire avancer le débat.

● Pour connaître la terminaison d'un participe passé en *-i*, mets-le au féminin : par exemple, on écrit *pris, prescrit*, car au féminin on dit *prise, prescrite*.

Accord du participe passé

1 Souligne les COD puis coche la bonne orthographe.

Innocent, j'avais ☒ **menti** ❏ **mentis** en inventant les détails des fautes <u>que</u> je n'avais pas ❏ **commis** ☒ **commises**. [...] Les mains de Soledad avaient ❏ **descendues** ☒ **descendu** et avaient ☒ **découvert** ❏ **découverts** <u>ses yeux</u> ❏ **rempli** ☒ <u>remplis</u> de larmes. Un instant, elle avait ❏ **pressée** ☒ **pressé** sur son visage <u>la grappe de jasmin</u> ; puis d'un geste vif et doux à la fois, elle l'avait ☒ **portée** ❏ **porté** contre sa bouche.

● Seuls deux participes passés employés avec *avoir* ont leur COD placés avant : *commises* s'accordent avec son COD *que* (mis pour *des fautes*) ; *portée* s'accorde avec son COD *l'* (mis pour *la grappe de raisin*)

2 Complète les participes passés, puis réécris chaque phrase en remplaçant le(s) mot(s) souligné(s) par ceux qui te sont proposés.

1. <u>Sandrine</u> est *allée* au cinéma ce week-end.
→ Jean et moi sommes allés au cinéma ce week-end.
2. <u>J'</u>ai *lu* tous les livres de la bibliothèque.
→ **Les élèves** ont lu tous les livres de la bibliothèque.
3. <u>L'ami</u> que j'ai *rencontré* hier a *arrêté* de fumer depuis peu de temps.
→ **Les amis de mon frère** que j'ai rencontrés hier ont arrêté de fumer depuis peu de temps.
4. <u>Il</u> a *visité* la tour Eiffel ; il est *monté* par l'ascenseur, a *admiré* la vue de Paris et est *redescendu* par l'escalier.
→ **Cette touriste** a visité la tour Eiffel ; elle est montée par l'ascenseur, a admiré la vue de Paris et est redescendue par l'escalier.

● Modifier le genre et le nombre du sujet entraîne de nouveaux accords pour les participes passés employés avec *être*.

● Modifier le genre et le nombre du COD entraîne de nouveaux accords pour les participes passés employés avec *avoir* si ces COD sont placés avant.

Le pluriel d'un nom composé

1 Avant d'écrire le nom composé au pluriel, précise la nature du premier mot et du second.

Singulier	Nom	Adjectif	Verbe	Mot invariable	Pluriel
un sous-sol	2			1	des sous-sols
un casse-croûte	2		1		des casse-croûte
un laissez-passer			1 – 2		des laissez-passer
un chou-fleur	1 – 2				des choux-fleurs
un wagon-citerne	1 – 2				des wagons-citernes
un micro-ordinateur	2			1	des micro-ordinateurs
un beau-frère	2	1			des beaux-frères
un avant-centre	2			1	des avant-centres

● La plupart des noms composés contiennent au moins un nom, mais ce n'est pas toujours le cas (*laissez-passer* = verbe + verbe).

● *Des* **casse-croûte** : *croûte* ne prend pas la marque du pluriel, car on casse **la** *croûte* du pain.

2 Écris les noms composés au pluriel.

1. un cerf-volant → des cerfs-volants.
2. une eau-de-vie → des eaux-de-vie.
3. un avant-goût → des avant-goûts.
4. un perce-neige → des perce-neige.
5. un porte-bagages → des porte-bagages.
6. un œil-de-bœuf → des œils-de-bœuf.

● Le nom *œil*, quand il fait partie d'un nom composé, ne prend pas son pluriel habituel *yeux* : *des œils-de-bœuf, des œils-de-perdrix...*

3 **Barre l'intrus.**

1. un sans-gêne – un rendez-vous – ~~un sous-titre~~.
2. ~~des bouche-trous~~ – des essuie-mains – des chasse-mouches.

● Tous les mots sont invariables, sauf **sous-titre** et **bouche-trous** (*un sous-titre, des sous-titres ; un bouche-trou, des bouche-trous*).

---

30 Orthographe

Accord des adjectifs de couleur

1 **Accorde chaque adjectif de couleur entre parenthèses, et souligne le nom auquel il se rapporte.**

Et l'œil devint de plus en plus gros, de plus en plus rond, comme une <u>lune</u> *(roux)* rousse dans un ciel vide, avec en son milieu, une <u>pupille</u> de plus en plus *(noir)* noire et des petites taches de couleurs différentes qui apparaissent dans le chaud brun de l'iris, ici une <u>tache</u> *(bleu)* bleue, *(bleu)* bleue comme l'eau gelée sous le ciel, là un éclair d'or, brillant comme une paillette.

● **Brun** est ici utilisé comme nom : le brun = la couleur brune. Les noms ainsi dérivés d'adjectifs de couleur sont variables, même s'ils dérivent d'un adjectif invariable :
Pour peindre cet arbre, l'artiste a utilisé plusieurs marrons.

2 **Accorde les adjectifs de couleur.**

Quand j'allais chez ma grand-mère, je pouvais passer des heures à observer sa collection de foulards. Il y en avait de toutes les couleurs : des *(jaune)* jaunes, des *(bleu pâle)* bleu pâle, des *(gris clair)* gris clair, des *(marron)* marron, des *(vert bouteille)* vert bouteille, des *(jaune citron)* jaune citron, des *(cerise)* cerise, des *(vert olive)* vert olive, des *(ocre)* ocre, des *(grenat)* grenat.

● L'**ocre** est un colorant minéral naturel, jaune brun ou rouge, et le **grenat** est une pierre fine de couleur rouge : ces adjectifs de couleur étant dérivés de noms, ils restent invariables.

3 **Complète les phrases avec l'adjectif qui convient parmi ceux de la liste suivante, et accorde-le :** *rose bonbon – écarlate – vert – noir – orange – bleu – blanc – bleu, blanc, rouge.*

1. Il est de sombre humeur, il a des idées noires. – 2. Elles ont eu tellement honte qu'elles sont devenues écarlates. – 3. Le drapeau français et le drapeau britannique sont tous les deux bleu, blanc, rouge. – 4. Quand ma sœur était petite, elle ne voulait porter que des robes rose bonbon. – 5. Regardez-la ! elle est blanche comme un linge, elle a dû avoir une peur bleue. – 6. Certains conducteurs font comme si les feux orange étaient la même chose que les feux verts.

● *Phrase 3* : on considère que l'ensemble **bleu, blanc, rouge** forme un adjectif de couleur composé de plusieurs mots juxtaposés et séparés par des virgules ; il reste donc invariable.

---

31 Orthographe

Accord de *nu, demi, mi-, semi-*

1 **Accorde les mots entre parenthèses si nécessaire.**

1. La couturière a acheté deux mètres et *(demi)* demi de soie pour faire une robe. – 2. Le cycliste s'essouffle déjà alors qu'il n'est qu'à *(mi)* mi-côte. – 3. Sur la plage, il est agréable de marcher *(nu)* nu-pieds, mais il n'est pas conseillé de rester tête *(nu)* nue au soleil. – 4. Les ouvriers ont chargé trois tonnes et *(demi)* demie de déchets dans les *(semi)* semi-remorques. – 5. L'horloge de ma grand-mère sonne les *(demi)* demies.

● Dans la *phrase 5*, **demie** est un nom féminin qui signifie *demi-heure*.

2 **Réécris chaque phrase, sans en changer le sens, en remplaçant les mots en italique par un mot composé avec mi-, semi-, nu- ou demi-.**

1. Pour avoir plus de loisirs, il travaille *le matin et pas l'après-midi.*
→ Pour avoir plus de loisirs, il travaille à mi-temps.
2. Sa mère lui a demandé d'acheter *la moitié d'un pain.*
→ Sa mère lui a demandé d'acheter un demi-pain.
3. Avant de courir un marathon de 42 km, il faut s'entraîner sur *une distance de 21 km.*
→ Avant de courir un marathon de 42 km, il faut s'entraîner sur un semi-marathon.
4. Les enfants aiment bien marcher *sans chaussures.*
→ Les enfants aiment bien marcher nu-pieds.

● Observe que des expressions de même sens ont des orthographes différentes selon la position de l'adjectif *nu* : *nu-pieds* mais *pieds nus.*

3 **Relie mi- et demi- aux noms avec lesquels ils peuvent former un nom composé.**

mi- •
demi- •
• baguette
• hauteur
• journée

● Il existe une nuance entre **demi-** et **mi-** : *demi-* a le sens de « moitié » il représente une quantité ; *mi-* a le sens de « milieu », il représente un repère.

4 **Donne une expression de même sens contenant l'adjectif nu.**

1. Porter un vêtement sans manches : être bras nus.
2. Voir sans instrument d'optique : voir à l'œil nu.
3. Ne pas porter de vêtement sur le haut du corps : être torse nu.

● Dans toutes ces expressions, *nu*, placé après le nom, s'accorde comme n'importe quel adjectif.

32 Orthographe

Accord des déterminants numéraux

1 **Accorde les mots en italique si nécessaire.**

1. Cette imprimante coûte *deux cent quatre-vingts* euros alors que la mienne vaut *quatre-vingt-quinze* euros. – 2. Un pou mesure *neuf dixièmes* de millimètre. – 3. Ce film comique a déjà fait entre *deux cents et deux cent cinquante mille* entrées. – 4. Je n'ai aucun souvenir des *premières* années de mon enfance.

● *Phrase 2* : **dixième** ici n'est pas un déterminant numéral ordinal mais un nom.

2 **Relie chaque expression à sa définition.**

être sur son trente et un •
se mettre en quatre •
attendre cent sept ans •
voir trente-six chandelles •
avoir mille fois raison •
• s'habiller avec élégance
• attendre très longtemps
• faire l'impossible
• avoir entièrement raison
• être étourdi par un coup

● De nombreuses expressions imagées contiennent des déterminants numéraux. L'expression **attendre cent sept ans** se réfère au temps supposé de la construction de la cathédrale Notre-Dame de Paris.

3 **Écris les nombres entre parenthèses en toutes lettres.**

1. La Loire – *(1 010)* mille dix kilomètres – est trois fois moins longue que la Volga – *(3 500)* trois mille cinq cents kilomètres –, principal fleuve de l'Europe. Elle est six fois moins longue que le Yang-tseu-kiang – *(6 300)* six mille trois cents kilomètres –, principal fleuve de l'Asie.
2. L'Amérique du Sud a une superficie de *(17 845 439)* dix-sept millions huit cent quarante-cinq mille quatre cent trente-neuf kilomètres carrés.

● **Mille** est invariable, à la différence de *millier, million, milliard*, qui varient en nombre.

33 Orthographe — Ces, ses, c'est, s'est, sais, sait

1 Ces ou ses ? Coche la bonne réponse.

1. Marion a égaré ❑ ces ☒ ses affaires. – 2. Quand cesseras-tu de t'en prendre à ☒ ces ❑ ses pauvres animaux ? – 3. Chaque âge a ❑ ces ☒ ses plaisirs. – 4. Te souviens-tu de ☒ ces ❑ ses amis que nous avions rencontrés durant ☒ ces ❑ ses merveilleuses vacances en Égypte ? – 5. ❑ Ces ☒ Ses parents sont ravis de le revoir. – 6. Elle ne tenait plus sur ❑ ces ☒ ses jambes.

● Quand tu hésites, mets le nom introduit par le déterminant au singulier : *Quand cesseras-tu de t'en prendre à ce pauvre animal ? (2)* ; *Son père est ravi de le revoir (5).*

2 Barre les mots en italique qui ne sont pas écrits correctement, puis corrige-les.

1. *C'est* un bon livre, mais ~~sait~~ sais-tu qui l'a écrit ? – 2. *Ses* élèves disent que ~~s'est~~ c'est un très bon professeur. – 3. Je *sais* que ~~ces~~ c'est moi qui ai raison. – 4. *C'est* le mois dernier qu'il ~~sait~~ s'est décidé à arrêter de fumer *ces* horribles cigares. – 5. Jean ne ~~s'est~~ sait pas comment il va trouver ~~ces~~ ses amis, il ~~c'est~~ s'est égaré.

● Il est parfois nécessaire de connaître le contexte pour savoir s'il s'agit du déterminant démonstratif (*ces*) ou du déterminant possessif (*ses*) : ainsi tu aurais pu écrire ***ces** élèves (2)* ou ***ses** cigares (4).*

3 Complète cet extrait avec ses, ces, c'est ou s'est.

« C'est sans doute vous, Yoyo ? a-t-il dit aigrement en omettant sciemment "Monsieur". Vous pouvez déposer votre manteau et votre chapeau sur ces portemanteaux, et c'est par là qu'il faut entrer. » Ces marques d'intérêt amadouèrent Tom mais n'apaisèrent cependant pas ses inquiétudes irlandaises : « L'un de ces messieurs désire-t-il une tasse de thé ? » s'est enquis Tom, sûr d'identifier ainsi l'Anglais et de le distinguer de ses amis. Tout le monde s'est excusé de refuser.

● *S'est* est un élément d'un verbe pronominal conjugué au passé composé ; il est donc suivi d'un participe passé : *s'est enquis* (verbe *s'enquérir*), *s'est excusé* (verbe *s'excuser*).

34 Orthographe — Es, est, ai, aie, aies, ait

1 Complète le texte avec ai, es, ou est.

Depuis ce matin, j'ai une montre, une montre à moi. À nouveau, j'ai soulevé ma manche pour regarder l'heure : il est midi. Cela est sans importance, mais j'ai un plaisir intense à contempler les aiguilles courir sur le cadran. « Il est midi, ai-je répété trois fois.
– Es-tu fou ? s'étonne ma sœur. Quelle affaire qu'il soit midi !
– Peut-être, lui ai-je répondu, mais j'ai le sentiment que ma vie est différente : n'es-tu pas heureuse que je sache bien l'heure ?
– Mais, si tu es réveillé en pleine nuit, regarderas-tu ta montre ? ironise-t-elle.
– La nuit, je n'ai pas besoin de montre. J'ai toujours une sœur pour crier : quel est cet imbécile qui me demande l'heure à trois heures du matin ? »

● Quand tu hésites, essaie l'imparfait : si tu peux remplacer par *avais*, il s'agit du verbe *avoir* ; si tu peux remplacer par *étais/était*, il s'agit du verbe *être*.

2 Réécris les phrases en remplaçant les mots soulignés par les mots entre parenthèses.

1. Nous *(Je)* avons appris qu'ils *(il)* sont arrivés les premiers. Vous *(Tu)* êtes au courant ?
→ J'ai appris qu'il est arrivé le premier. Tu es au courant ?
2. Il faut que nous *(il)* ayons plus de volonté pour gagner.
→ Il faut qu'il ait plus de volonté pour gagner.

● Quand tu hésites, tu peux remplacer la personne du singulier par une personne du pluriel : ainsi tu entendras s'il s'agit du verbe *être* ou du verbe *avoir*, s'il s'agit de l'indicatif ou du subjonctif.

3 Coche la forme verbale qui convient.

1. Je ne sais pas si tu ☐ ai ☒ es ☐ est au courant, mais il ☐ ai ☐ es ☒ est très malade et j'aimerais qu'il ☐ est ☐ aie ☒ ait rapidement une consultation avec un spécialiste. – 2. C'☐ es ☒ est ☐ ait toi qui ☐ ai ☒ es ☐ est responsable de cette situation. – 3. Bien qu'il y ☐ est ☐ ai ☒ ait du brouillard, il ☒ est ☐ es ☐ ait possible d'apercevoir ta maison en contrebas.

● On trouve le subjonctif après un verbe de volonté, d'ordre, ou de souhait *(1)*, après certaines locutions comme *pour que*, *afin que*, *bien que (4)*.

 Orthographe # Les accents

1 Accentue comme il convient.

1. *Ajoute les accents graves ou aigus*. Cher père, chère mère, chers frères et sœurs. Dès que je suis arrivé chez grand-mère, nous sommes allés marcher en forêt près de l'étang.
2. *Ajoute les accents circonflexes*. Il fabrique une bête à cornes en pâte à modeler : il a dû être minutieux pour faire la tête, et maintenant il fixe les pattes sur le corps.
3. *Ajoute les trémas*. J'ai ouï dire qu'il était naïf, égoïste, et qu'il haïssait son aïeul.

● L'accent circonflexe de *bête* s'explique par la présence du *s* dan certains mots de la même famille : *bestial, bestiaire*…
● Le tréma est indispensable pour savoir comment prononcer le mot : par exemple, si *naïf* n'avait pas de tréma, on dirait « nèf ».

2 Complète avec l'homonyme qui convient, et fais les accords si nécessaire.

1. *mur* ou *mûr* ? Son jeu préféré est d'écraser des fruits mûrs contre le mur.
2. *sur* ou *sûr* ? Es-tu bien sûr(e) de l'avoir posé sur la table ?
3. *fut* ou *fût* ? Bien qu'il fût de sombre humeur, il fut charmé par le spectacle.
4. *du* ou *dû* ? Il a dû demander du pain à son voisin.

● *Fut* = passé simple ; *fût* = subjonctif imparfait.
● L'accent circonflexe de *dû* (participe passé de *devoir*) ne se trouve qu'au masculin singulier : *Ils ont remboursé les sommes dues.*

3 Accentue les mots en italique si nécessaire.

Je suis si bien *installé* dans mon moulin, *situé* dans *cette région* chaude et *parfumée où* j'ai *vécu dès* mon plus jeune *âge*. Ma *fenêtre* s'ouvre sur la *forêt* ; à l'horizon, les *montagnes découpent* leurs *crêtes* fines. Pas de bruit. *Voilà* une semaine que je suis *arrivé* et j'ai *déjà* la *tête bourrée* de souvenirs…

● *Où* (pronom relatif) exprime le lieu ; à ne pas confondre avec la conjonction de coordination *ou* (= *ou bien*).

 Orthographe # Les lettres muettes

1 Écris les noms en *-ment* dérivés de ces verbes.

1. larmoyer : larmoiement.
2. payer : paiement.
3. rapatrier : rapatriement.
4. bégayer : bégaiement.
5. renier : reniement.
6. éternuer : éternuement.

● Note que le *y* devient *i* lorsqu'on intercale un *e* muet.

2 Pour chaque mot, donne un mot de la même famille qui contient une lettre muette.

1. sanguin : le sang.
2. l'outillage : un outil.
3. planter : un plant.
4. blancheur : le blanc.

● Chercher un mot de la même famille peut t'aider à deviner la présence d'un grand nombre de lettres finales muettes.

3 Complète les expressions avec un homonyme du mot en italique.

1. un *cou* de girafe – un coup de téléphone. – **2.** *Hou* ! je suis un fantôme. – une branche de houx. – **3.** un *seau* à glace – au saut du lit. – **4.** Le *tan* sert à préparer le cuir. – Je n'ai pas le temps. – **5.** Cela va de *soi*. – Cette étoffe, c'est de la soie. – **6.** Il est rejeté, mis au *ban*. – Les amoureux s'embrassent sur les bancs publics.

● La lettre finale muette d'un mot ne s'explique pas toujours grâce à un mot de la même famille (*soie, houx*) ; n'hésite pas à utiliser ton dictionnaire.

4 Réécris si nécessaire, et barre les mots mal orthographiés.

1. ~~une amétyste~~ : une améthyste.
2. une pastèque : une pastèque.
3. ~~une antologie~~ : une anthologie.
4. ~~une cirrose~~ : une cirrhose.
5. ~~un lutier~~ : un luthier.
6. ~~un dalia~~ : un dahlia.

● Le mot *dahlia* a pour origine le nom d'un botaniste suédois : Dahl.

37 **Orthographe**

Les adverbes en -ment

1 Donne les adjectifs féminins correspondant aux noms suivants, puis les adverbes qui en dérivent.

1. douceur → douce → doucement.
2. sottise → sotte → sottement.
3. faiblesse → faible → faiblement.
4. cherté → chère → chèrement.

● Tous ces adverbes se construisent selon la règle de base.

2 Trouve les adverbes contraires des adverbes de manière suivants.

1. bravement → lâchement.
2. nouvellement → anciennement.
3. comiquement → tristement.
4. artificiellement → naturellement.

● Si l'adjectif féminin double la consonne, l'adverbe la double aussi : *ancien → ancienne → anciennement*.

3 Donne les adverbes qui dérivent des adjectifs suivants.

1. hardi → hardiment.
2. poli → poliment.
3. isolé → isolément.
4. absolu → absolument.
5. joli → joliment.
6. étourdi → étourdiment.

● Tous ces adverbes sont construits selon la règle qui s'applique spécifiquement aux adverbes dérivés des adjectifs en *-ai, -é, -i, -u.*

4 Donne les adjectifs masculins correspondant aux noms suivants, puis les adverbes qui en dérivent.

1. prudence → prudent → prudemment.
2. bruit → bruyant → bruyamment.
3. lenteur → lent → lentement.
4. ardeur → ardent → ardemment.

● Les deux suffixes *-emment* et *-amment* se prononcent de la même façon : pense à l'orthographe de l'adjectif pour écrire l'adverbe correctement.

5 Relève les quatre adverbes de ce texte puis, pour chacun, écris entre parenthèses l'adjectif masculin dont il dérive.

1. habituellement (habituel).
2. gentiment (gentil).
3. gratuitement (gratuit).
4. vraiment (vrai).

● Observe la particularité de l'adverbe *gentiment*, dérivé de *gentil* : il n'est pas formé à partir de l'adjectif féminin, et perd le *l*.

38 **Vocabulaire**

Les mots polysémiques

1 Trouve le mot polysémique qui peut compléter les expressions.

1. une carte à jouer ; la carte d'un restaurant ; une carte routière.
2. une danseuse étoile ; une étoile lumineuse ; avoir sa première étoile.
3. un champ de blé ; un champ de bataille ; un champ d'investigation.

● Un mot polysémique peut avoir plusieurs sens propres.

2 Indique si les mots en italique sont employés au sens propre (P) ou au sens figuré (F).

1. C'est une boisson *amère* (P). – 2. Ses opinions montrent l'*étroitesse* (F) de son esprit. – 3. La *fleur* (P) du pissenlit est comestible. – 4. J'ai une pensée *amère* (F). – 5. Elle est dans la *fleur* (F) de l'âge. – 6. Ce sont les *fruits* (F) de tes efforts. – 7. Cette rue est impraticable pour les voitures à cause de son *étroitesse* (P). – 8. La vache est un animal qui *rumine* (P). – 9. Les diététiciens conseillent de manger plusieurs *fruits* (P) par jour. – 10. Il *rumine* (F) de vieilles histoires.

● Un mot employé au sens figuré est souvent associé à un mot abstrait (*étroitesse d'esprit, pensée amère*...).

3 Dans cet extrait, deux mots sont employés au sens figuré : souligne-les.

Agitée, enfiévrée, Isabelle ouvrit la fenêtre pour <u>éteindre</u>, à la fraîcheur de la nuit, les <u>feux</u> de ses joues et de son front.

● Isabelle est *enfiévrée*, au sens propre ; la fièvre est associée à un *feu* qu'il faut *éteindre* (sens figuré).

4 Associe à chacun de ces mots polysémiques un complément choisi parmi ceux de la liste, puis souligne les expressions qui sont au sens figuré : *d'étincelles – de musique – la salade – du bois – des millions – en maths – des bêtises – la vaisselle – de fleurs – un échec.*

1. une note de musique
2. brasser la salade
3. des gerbes d'étincelles
4. débiter du bois
5. essuyer la vaisselle

et une note en maths.
et <u>brasser des millions</u>.
et des gerbes de fleurs.
et <u>débiter des bêtises</u>.
et <u>essuyer un échec</u>.

● ***Brasser des millions***, c'est posséder, gérer beaucoup d'argent.

● ***Débiter des bêtises***, c'est dire des bêtises de manière continue (comme une machine qui débite du bois).

● Au sens figuré, ***essuyer*** (un échec, un refus) a le sens de subir.

---

39 # Le champ lexical

1 Lis ce dialogue extrait de la bande dessinée *Pas de pitié pour Achille Talon*, puis relève les mots appartenant au champ lexical du feu.

Champ lexical du feu : calorifères – canicule – échauffez – fumiste – réduire en cendres – s'enflamme – fournaise – brûlez – flamber – feu – poêle – fagots – illuminera.

● Un ***fumiste***, au sens propre, est une personne dont le métier est de réparer les appareils de chauffage. Au sens figuré, c'est une personne qui n'est pas sérieuse. L'auteur joue sur le caractère polysémique du mot.

2 Barre l'intrus dans chaque série, puis associe à chacune un champ lexical en choisissant parmi ceux de la liste : *eau – informatique – montagne – arme – courage.*

1. épée – arc – couteau – ~~blason~~ – fusil.
2. brave – vaillant – ~~sagesse~~ – héros – affronter.
3. rocher – ravin – sommet – ~~pain~~ – glacier.
4. torrent – goutte – vapeur – cascade – ~~vent~~.
5. souris – ~~téléphone~~ – imprimante – clavier – mémoire.

Champ lexical : arme.
Champ lexical : courage.
Champ lexical : montagne.
Champ lexical : eau.
Champ lexical : informatique.

● Le ***blason*** est une arme au sens d'emblème, et non une arme de combat.

● C'est le *pin* (l'arbre) et non le ***pain*** qui appartient au champ lexical de la montagne.

3 Complète le texte avec les mots de la liste suivante, puis indique à quel champ lexical ils appartiennent : *bancs – table – chaises – buffets.*

Cette salle, entièrement boisée, contient des buffets crasseux sur lesquels sont posés des carafes ternes, des piles d'assiettes en porcelaine épaisse, des verres ébréchés. On y rencontre des meubles indestructibles : une grande table recouverte d'une nappe brodée, des chaises paillées, des bancs cirés.

Champ lexical : Le mobilier.

● Tu pouvais hésiter pour ***bancs*** et ***buffets***, car ils s'accordent de la même façon (masculin pluriel) et peuvent tous deux être *crasseux* ou *cirés* : mais c'est sur les buffets que l'on pose la vaisselle, il n'y avait donc qu'un choix possible.

40 Vocabulaire

Les homonymes

1 **Coche l'homonyme qui convient.**

1. Il n'est pas toujours facile de passer un fil dans le ❏ **chat** ☒ **chas** d'une aiguille. – 2. Mon ☒ **cher** ❏ **chaire** ami, nous avons fait bonne ☒ **chère** ❏ **chair** aujourd'hui. – 3. Il pense en son ❏ **fort** ☒ **for** intérieur qu'il a tort. – 4. Je ne me souviens plus de la ☒ **date** ❏ **datte** de son anniversaire. – 5. Soyez tranquille, c'est un homme ☒ **sensé** ❏ **censé**.

● Dans l'expression *faire bonne chère*, *chère* désigne la nourriture en général et non seulement la viande (*chair*).

2 **Trouve les homonymes des mots suivants : ce sont des verbes à la 3ᵉ personne du singulier de l'indicatif présent.**

1. coup – il coud.
2. rond – il rompt.
3. pain – il peint.
4. pair – il perd.
5. mou – il moud.
6. prix – il prie.

● Les mots homonymes peuvent appartenir à des classes grammaticales différentes.

3 **En t'aidant du contexte, complète chaque phrase avec un homonyme du mot *cour*.**

1. Mon grand-père est un amateur de chasse à courre. – 2. Pour préparer le marathon, il court deux heures par jour. – 3. Ce collégien ne va plus au cours de sport car il est dispensé. – 4. Julien faisait une cour assidue à Marie depuis plusieurs mois. – 5. L'affaire est passée devant la cour de justice. – 6. Attendez-moi un court instant, s'il vous plaît.

● Attention à ne pas confondre *cour* et *cours* : *la cour du collège* mais *un cours de français*.

4 **Complète chaque phrase avec deux mots homographes, puis souligne ceux qui sont aussi homonymes.**

1. Les <u>patients</u> du docteur vont devoir être <u>patients</u> car il y a beaucoup de monde dans la salle d'attente. – 2. <u>Bois</u> de l'eau avant de partir, car une fois dans le <u>bois</u>, tu ne pourras pas te désaltérer. – 3. Bien qu'il ne <u>voie</u> plus aussi bien qu'avant, il a repéré la <u>voie</u> ferrée avant nous. – 4. Il a deux passions : son petit chat tigré, et le chat sur Internet.

● Seuls *chat* (l'animal) et *chat* (discussion) se prononcent différemment ; le mot *chat* (sur Internet) se prononce « tchat » : c'est à l'origine un mot anglais qui signifie « bavardage ».

41 Vocabulaire

Les synonymes

1 **Donne un synonyme pour chacun des mots suivants.**

1. lieu → endroit.
2. vitesse → rapidité.
3. cesser → arrêter.
4. forcer → contraindre.
5. content → heureux.
6. captif → prisonnier.
7. têtu → entêté.
8. peur → crainte.

● Des mots synonymes peuvent appartenir à la même famille : *têtu – entêté* (famille de *tête*).

2 **Dans quel sens l'adjectif *fin* est-il utilisé dans ces différents groupes nominaux ? Relie chaque expression au synonyme qui convient.**

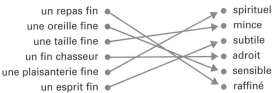

un repas fin • • spirituel
une oreille fine • • mince
une taille fine • • subtile
un fin chasseur • • adroit
une plaisanterie fine • • sensible
un esprit fin • • raffiné

● Deux mots peuvent être synonymes dans un certain contexte et ne pas l'être dans un autre ; par exemple, *mince* et *fin* sont synonymes si l'on parle d'une « taille fine », mais ils ne sont pas synonymes lorsqu'on parle d'un « fin chasseur ».

3 Chaque série est composée de mots synonymes présentant des nuances d'intensité : réécris chaque liste en classant les termes du plus faible au plus fort.

1. déluge – averse – ondée → ondée, averse, déluge.
2. troublant – inquiétant – effrayant → troublant, inquiétant, effrayant.

● Les nuances d'intensité entre les synonymes permettent de s'exprim avec précision et ainsi d'être mieu compris par ses interlocuteurs ou ses lecteurs.

4 Réécris chaque série de synonymes en fonction du niveau de langage auquel ils appartiennent (du plus soutenu au plus familier).

1. audace – culot – effronterie → effronterie, audace, culot.
2. plaisanter – badiner – blaguer → badiner, plaisanter, blaguer.
3. ficher le camp – prendre congé – s'en aller → prendre congé, s'en aller, ficher le camp.
4. se grouiller – se dépêcher – se hâter → se hâter, se dépêcher, se grouiller.

● Le choix du synonyme doit aussi respecter le niveau de langage, qui dépend de la situation d'énonciatic (qui parle ? à qui s'adresse-t-il ? dans quelles circonstances ?).

 42 Vocabulaire

Les antonymes

1 Trouve l'antonyme de chaque nom.

1. occident → orient.
2. lâcheté → courage.
3. ami → ennemi.
4. acceptation → refus.
5. gain → perte.
6. hausse → baisse.

● L'*orient*, c'est l'est ; l'*occident*, c'est l'ouest.

2 Trouve l'antonyme de chaque adjectif.

1. sensible → insensible.
2. calme → excité.
3. juste → faux.
4. privé → public.
5. reposant → fatigant.
6. nomade → sédentaire.

● On oppose les peuples *sédentaire* qui vivent à un endroit fixe, aux peuples *nomades*, qui se déplacent.

3 Trouve l'antonyme de chaque verbe.

1. construire → détruire.
2. enrichir → appauvrir.
3. lever → baisser.
4. vendre → acheter.
5. défendre → attaquer.
6. arriver → partir.

● Pour le mot *défendre*, tu aurais aussi pu donner l'antonyme *autoriser*.

4 Trouve l'antonyme de chaque adverbe.

1. beaucoup → peu.
2. hier → demain.
3. peut-être → certainement.
4. jamais → toujours.
5. facilement → difficilement.
6. lentement → vite.

● Note qu'un adverbe n'est pas forcément un mot qui se termine par *-ment*.

5 Trouve l'antonyme de chaque mot en conservant le même radical.

1. inspirer → expirer.
2. enterrer → déterrer.
3. monoculture → polyculture.
4. matériel → immatériel.
5. limité → illimité.
6. prénatal → postnatal.

● Il faut ajouter un préfixe de sens négatif (*il-, im-*...) ou remplacer le préfixe d'origine par un préfixe de sens contraire (*mono-/poly-*...).

6 Transforme l'histoire d'Adèle et Rennequin en remplaçant les mots soulignés par des mots de sens contraire.

De <u>belles</u> histoires couraient sur les familiarités que Rennequin, un <u>jeune</u> garçon <u>sérieux</u>, se permettait avec elle. Adèle, très <u>ouverte</u>, comme on dit, <u>bavarde</u> et <u>irréfléchie</u>, paraissait <u>connaître</u> ces rumeurs.

● Il y a d'autres réponses possibles vérifie que tu as donné chaque fois un mot de sens contraire et de même classe grammaticale que le mot d'origine.

Les familles de mots

1 Les mots de la liste suivante appartiennent à trois familles différentes ; classe-les par famille, puis indique pour chacune d'elles le radical ou les radicaux commun(s) : *armure – campement – armement – charnu – champêtre – armée – décamper – acharnement.*

1. armure, armement, armée. Radical : arm-.
2. campement, champêtre, décamper. Radical : camp- ou champ-.
3. charnu, acharnement. Radical : charn-.

● Les mots de la 2e famille ont deux radicaux, mais ils ont tous pour origine le mot latin *campus* (plaine).
● Les mots de la famille de *chair* (*carnis* en latin) ont deux radicaux : *charn-* (*charnu, acharnement*) ou *carn-* (*carnivore, incarner*).

2 Relie chacun de ces mots de la famille de temps à sa définition.

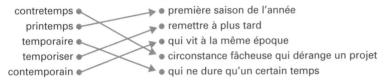

contretemps
printemps
temporaire
temporiser
contemporain

première saison de l'année
remettre à plus tard
qui vit à la même époque
circonstance fâcheuse qui dérange un projet
qui ne dure qu'un certain temps

● Le suffixe *-iser* sert à former des verbes.
● Le préfixe *prin-* signifie ici « premier» (*printemps* = « premier temps de l'année ») ; *con-* signifie « ensemble ».

3 Classe les mots de la liste suivante selon qu'ils ont été obtenus par dérivation ou par composition : *sonnette – parapluie – pourboire – dégoût – portemanteau – empoisonner – terre-plein – bonhomme.*

– Dérivation : sonnette, parapluie, dégoût, empoisonner.
– Composition : pourboire, portemanteau, terre-plein, bonhomme.

● Observe que les mots obtenus par **composition** n'ont pas nécessairement un trait d'union ; les mots peuvent être soudés : *pourboire, portemanteau, bonhomme.*

4 Complète le tableau par des mots de la même famille.

Nom	Verbe	Adjectif	Adverbe
ouverture	ouvrir	ouvert	ouvertement
grandeur	grandir	grand	**grandement**
tristesse	**attrister**	triste	tristement
bruit	ébruiter/bruire	**bruyant**	bruyamment

● *Bruire* ne s'emploie qu'à l'infinitif et à la 3e personne ; l'adjectif *bruyant* vient de l'ancien participe présent de ce verbe.

Les préfixes latins et grecs

1 Classe ces préfixes selon qu'ils sont d'origine latine ou grecque (tu peux t'aider du dictionnaire) : *aqua- – péd- – anti- – para- – péri- – omni- – centi- – photo-.*

– Préfixes d'origine latine : aqua-, péd-, omni-, centi-.
– Préfixes d'origine grecque : anti-, para-, péri-, photo-.

● De nombreux mots sont construits avec ces préfixes : *pédestre, photosynthèse, paratonnerre, antinucléaire, aquagym, omniscient, centilitre, périphrase...*

2 Complète le tableau suivant (les préfixes à utiliser sont ceux de l'exercice 1).

Définition	Mot	Préfixe	Sens du préfixe
Récipient en verre pour les poissons.	aquarium	aqua-	eau
Actionner les pédales d'une bicyclette.	pédaler	péd-	pied
Phare utilisé par temps de brouillard.	antibrouillard	anti-	contre
Objet qui protège de la pluie.	parapluie	para-	contre
Ligne qui délimite le contour d'une figure.	périmètre	péri-	autour
Qui mange de tout.	omnivore	omni-	tout
Centième de mètre.	centimètre	centi-	cent
Obtenir une image par la photographie.	photographier	photo-	lumière

● *Photo-* signifie *lumière* : la photographie est un procédé de reproduction qui fonctionne grâce à la lumière.
● *Omnivore* est composé du préfixe *omni-* (= tout) et du suffixe *-vore* (= qui mange).
● Le préfixe *anti-* est probablement le plus employé : il peut servir à créer une infinité de mots nouveaux. Parmi les plus récents, trouve : *antiguerre, antisismique, antisèche, antitabac...*

3 Définis les mots suivants sans regarder dans le dictionnaire.
1. bisannuel : qui a lieu tous les deux ans.
2. polymorphe : qui peut avoir plusieurs formes.
3. omniprésent : qui est présent partout.

● Un magazine *bimestriel* paraît tous les **deux** mois, un *polyglotte* parle **plusieurs** langues, un *omniscient* sait **tout**, etc.

---

45 Vocabulaire **Les suffixes latins et grecs**

1 Complète chaque phrase avec un mot formé à l'aide d'un suffixe latin ou grec choisi parmi ceux de la liste suivante : *-cide – -cole – -pède* (suffixes d'origine latine) ; *-drome – -onyme – -thèque – -gone* (suffixes d'origine grecque).

1. C'est un passionné des courses de chevaux, il va chaque dimanche à l'hippodrome. – **2.** Le suspect est accusé d'avoir tué un homme, mais on ne sait pas s'il s'agit d'un homicide volontaire ou involontaire. – **3.** Deux mots qui ont un sens voisin sont des synonymes. – **4.** Il installe de nouveaux rayonnages dans la bibliothèque pour ranger ses livres. – **5.** Comme l'homme, le singe marche sur ses deux pieds, c'est un bipède. – **6.** Une figure qui possède six angles est un hexagone. – **7.** Je m'intéresse à la culture des jardins et je suis allé à une exposition horticole.

● Tous ces mots sont formés d'un *suffixe* précédé d'un *préfixe* de la même origine : *hippo-* (cheval), *homi-* (homme), *biblio-* (livre), *bi-* (deux), *horti-* (jardin)... L'association des deux te révèle le sens du mot.

2 Relie chaque suffixe à son sens.

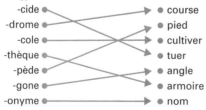

-cide ● → ● course
-drome ● → ● pied
-cole ● → ● cultiver
-thèque ● → ● tuer
-pède ● → ● angle
-gone ● → ● armoire
-onyme ● → ● nom

● Ces suffixes se retrouvent dans de nombreux mots de la langue française : *parricide, vinicole, discothèque, homonyme...*

3 Relève, dans cet extrait, deux mots formés à l'aide d'un suffixe d'origine grecque.
Mots formés à l'aide d'un suffixe grec : géographies, géographe.
Quel est le sens du suffixe ? Écrire.

● *Géo-* signifie *Terre* : la géographie est donc « ce qu'on écrit sur la Terre » ; le géographe est « celui qui écrit sur la Terre ».

Pléonasme et périphrase

1 Relie chaque périphrase à ce qu'elle désigne.

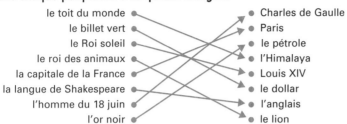

le toit du monde ● ● Charles de Gaulle
le billet vert ● ● Paris
le Roi soleil ● ● le pétrole
le roi des animaux ● ● l'Himalaya
la capitale de la France ● ● Louis XIV
la langue de Shakespeare ● ● le dollar
l'homme du 18 juin ● ● l'anglais
l'or noir ● ● le lion

● Les périphrases permettent de mettre en valeur un aspect particulier de ce dont on parle : *l'or noir* souligne le fait que le pétrole est précieux et onéreux ; *l'homme du 18 juin* met en avant le rôle de Charles de Gaulle dans la Résistance.

2 Souligne les pléonasmes volontaires.

1. « Mais puisque je vous dis que c'est la vérité, <u>la vérité vraie</u> » (Molière).
2. « Et que m'a fait <u>à moi</u>, cette Troie où je cours ? » (Racine).

● On insiste ici sur le caractère véridique (1), ou personnel (2) de ce qui est dit.

3 Barre les pléonasmes fautifs.

1. Le but ~~final~~ de cette rencontre est de trouver un accord. – 2. Le professeur dicte le texte puis ~~ensuite~~ il le relit. – 3. Les émirats arabes exportent leur pétrole ~~à l'étranger~~. – 4. Il a tout prévu ~~d'avance~~. – 5. Elle se retourne et constate avec frayeur que quelqu'un la suit ~~derrière~~. – 6. Les voisins se sont plaints, mais le tapage continue ~~encore~~ chaque soir. – 7. Ils ont collaboré ~~ensemble~~ de longues années avant de se séparer. – 8. Paul a marché ~~à pied~~ de l'école à chez lui. – 9. L'architecte présente son ~~futur~~ projet de construction d'un centre commercial. – 10. Je ne sais pas si je vais sortir aujourd'hui car vraiment on gèle ~~de froid~~ !

● Les pléonasmes fautifs sont fréquents à l'oral ; qui n'a jamais dit : *marcher à pied, continuer encore, prévoir d'avance* ?

Les valeurs du présent

1 Pour chacun des extraits suivants, indique quelle est la valeur du présent.

1. Les fossiles se forment plus facilement au fond de l'eau. C'est pourquoi les fossiles d'animaux marins sont les plus nombreux.

Valeur du présent : présent de vérité générale.

2. « Dans ma chambre… une araignée… une grosse araignée !…
– Ce n'est que ça ? dit tante Thérèse en riant. Il ne faut pas avoir peur des araignées. Tu n'es pas une mouche ! Elles ne te feront pas de mal !
– Je ne veux pas remonter là-haut », dit Élisabeth.

Valeur du présent : présent de l'énonciation.

3. Il était seul. Il ouvre le piano, il approche une chaise, il se juche dessus.

Valeur du présent : présent de narration.

4. À la maison, Sonia ferme les volets et, comme à l'habitude, le couinement des charnières alerte le chat.

Valeur du présent : présent itératif.

● *Extrait 1 :* ce texte documentaire énonce des vérités scientifiques : ce qui est dit ici est vrai de tout temps.
● *Extrait 2 :* le temps du dialogue est en général le présent de l'énonciation, qui renvoie au moment où les personnages parlent.
● *Extrait 3 :* il s'agit d'un présent de narration, et non d'un présent de récit, car le premier verbe (*était*) est à l'imparfait ; il s'agit donc d'un récit au passé, et le présent est utilisé pour créer une rupture, pour faire ressortir les actions du personnage.
● *Extrait 4 : comme à l'habitude* signale qu'il s'agit d'une action répétée.

2 Complète chaque phrase avec un proverbe au présent de vérité générale.

1. Je commençais à désespérer de vous voir, mais mieux vaut tard que jamais.
2. Je ne sais quelle décision prendre, je verrai demain, la nuit porte conseil.
3. Je trouve qu'il est sévère avec lui, mais qui aime bien châtie bien.
4. J'attends beaucoup d'invités, c'est très bien car plus on est de fous, plus on rit.
5. Avec sa dégaine, je ne l'imaginais pas professeur, l'habit ne fait pas le moine.
6. J'ai rencontré beaucoup de difficultés pour y arriver, mais tout est bien qui finit bien.

● Les proverbes se présentent comme des énoncés vrais en tout temps ; le présent des proverbes est donc un présent de vérité générale.

3 Lis ces informations concernant Alexandre Dumas, puis réponds aux questions.

1. À partir de ces éléments, rédige au présent une biographie d'Alexandre Dumas.
Alexandre Dumas naît le 24 juillet 1802 à Villers-Cotterêts. Après des études médiocres, il s'installe à Paris en 1823. Il écrit pour le théâtre et rencontre le succès avec *Henri III et sa cour* à la Comédie-Française en 1829. Ses genres littéraires sont le drame et le roman historique. Il écrit de nombreux romans, dont *Les Trois mousquetaires* et *Le Comte de Monte-Cristo*. Il meurt en 1870 à Puys. Son corps est transporté au Panthéon en 2002.

2. Quelle est la valeur du présent que tu as utilisé ? Présent historique.

● On utilise souvent le présent dans les récits historiques (ici, une biographie) car il rend le récit plus vivant.

  Expression écrite — **48**

Passé simple ou imparfait

1 Lis cet extrait de *La Gloire de mon père* de Marcel Pagnol, puis réponds aux questions.

Le jeudi <u>était</u> un jour de grande toilette, et ma mère <u>prenait</u> ces choses-là très au sérieux. Je commençai par m'habiller des pieds à la tête, puis je fis semblant de me laver à grande eau : c'est-à-dire que vingt ans avant les bruiteurs de la radiodiffusion, je composai la symphonie des bruits qui suggèrent une toilette.
J'ouvris d'abord le robinet du lavabo, et je le mis adroitement dans une certaine position qui faisait ronfler les tuyaux : ainsi mes parents seraient informés du début de l'opération.
Pendant que le jet d'eau <u>bouillonnait</u> bruyamment dans la cuvette, je <u>regardais</u> à bonne distance. Au bout de quatre ou cinq minutes, je tournai brusquement le robinet, qui publia sa fermeture en faisant d'un coup de bélier, trembler la cloison. J'attendis un moment, que j'employai à me coiffer.

1. Souligne les verbes conjugués à l'imparfait et encadre les verbes conjugués au passé simple.
2. Relève la phrase dans laquelle l'imparfait sert à désigner une habitude.
« Le jeudi était un jour de grande toilette, et ma mère prenait ces choses-là très au sérieux. »
3. Relève la phrase dans laquelle l'imparfait sert à décrire un arrière-plan.
« Pendant que le jet d'eau bouillonnait bruyamment dans la cuvette, je regardais à bonne distance. »
4. À quel temps sont conjugués les verbes qui expriment les actions de premier plan ? Au passé simple.
5. Réécris le passage en italique dans le texte avec le nouveau début qui t'est proposé.
Tous les jeudis, j'ouvrais d'abord le robinet du lavabo, et je le mettais adroitement dans une certaine position qui faisait ronfler les tuyaux [...].

● *Question 2* : l'utilisation de l'article défini **le** (*Le jeudi*) a valeur de généralisation (*Tous les jeudis...*).

● *Questions 2* et *3* : dans ce texte, on trouve des emplois différents de l'imparfait ; il sert d'abord à exprimer une habitude (premier paragraphe), puis il sert à décrire l'arrière-plan (troisième paragraphe).

● *Question 5* : l'ajout de « tous les jeudis » change le sens de ce qui suit ; il ne s'agit plus d'un récit d'actions ponctuelles, mais du récit d'une habitude : les verbes doivent donc être à l'imparfait.

2 **Conjugue les verbes au passé simple ou à l'imparfait.**

Nous *(s'installer)* **nous installions** sur un banc, toujours le même ; ma tante *(sortir)* **sortait** un tricot de son sac.
Mais un beau dimanche, je *(être)* **fus** surpris péniblement lorsque nous *(trouver)* **trouvâmes** un monsieur assis sur notre banc. <u>Sa figure *(être)* **était** vieux-rose ; il *(avoir)* **avait** une épaisse moustache châtain, des sourcils roux et bien fournis, de gros yeux bleus, un peu saillants. Sur ses tempes, quelques fils blancs.</u> Comme de plus, il *(lire)* **lisait** un journal, je le *(classer)* **classai** aussitôt parmi les vieillards. »

1. Relève la phrase qui relate une action habituelle, puis souligne le ou les mots qui l'expriment.
« Nous nous installions sur un banc, <u>toujours le même</u> ; ma tante sortait un tricot de son sac. »
2. Relève la phrase qui relate une rupture à cette habitude, puis souligne le ou les mots qui l'expriment.
« <u>Mais un beau dimanche</u>, je fus surpris péniblement lorsque nous trouvâmes un monsieur assis sur notre banc. »
3. Souligne les phrases qui constituent une description.
À quel temps sont les verbes ? À l'imparfait.

● Dans la *dernière phrase, lisait* est à l'imparfait, car l'action est envisagée dans sa durée (il faut entendre : « il était en train de lire ») ; *classai* est au passé simple, car l'action est présentée comme limitée dans le temps (il faut entendre : « à ce moment-là, je le classai parmi les vieillards »).

● Dans ce texte, on trouve trois emplois différents de l'imparfait : dans la première phrase, il sert à relater une habitude ; puis, il sert à faire une description ; enfin, il permet de présenter une action envisagée dans son déroulement.

Expression écrite

Les valeurs des temps de l'indicatif

1 **Souligne les verbes conjugués aux temps de l'indicatif.**

Le soir suivant, je <u>voulus</u> faire la même épreuve. Je <u>fermai</u> donc ma porte à clef pour être certain que personne ne pourrait pénétrer chez moi. Je <u>m'endormis</u> et je <u>me réveillai</u> comme chaque nuit. On **avait bu** toute l'eau que j'<u>avais vue</u> deux heures plus tôt.

1. Ce récit est-il au passé ou au présent ? Au passé.
2. Quel est le temps de référence ? Le passé simple.
3. À quel temps sont conjugués les verbes en gras ? Au plus-que-parfait.
4. Classe, dans l'ordre chronologique, les actions que tu as soulignées dans le texte.
a) je voulus.   c) j'avais vue.   e) on avait bu.
b) je fermai.   d) je m'endormis.   f) je me réveillai.

● Le **plus-que-parfait** exprime ici des actions antérieures à celles exprimées au passé simple ; c'est le sens qui te renseigne sur l'ordre précis dans lequel les actions se sont enchaînées : en toute logique, le narrateur a vu l'eau avant de s'endormir, et on a bu l'eau pendant son sommeil, donc avant qu'il se réveille.

2 **Souligne les verbes qui expriment une action antérieure ; encadre ceux qui expriment une action postérieure.**

1. L'araignée <u>s'est arrêtée</u> à mes pieds : je *suis* terrorisée.
2. « La cigale […] *se trouva* fort dépourvue, quand la bise <u>fut venue</u>. »
3. Quand je *reviendrai*, j'<u>aurai</u> certainement beaucoup <u>changé</u>.
4. Elle lui *racontait* ce qu'elle <u>avait appris</u> sur lui.
5. Je m'en occuperai à mon retour, j'*ai* un avion à prendre.
6. Il <u>a</u> tout <u>prévu</u> : il ne *peut* y avoir de surprises.

● Dans un récit, le **temps de référence** est en général le présent ou le passé simple ; mais ici, hors contexte, le temps de référence est le temps auquel est conjugué le verbe qui exprime l'action qui fixe le repère temporel, celui à partir duquel les autres temps prennent sens : ainsi l'imparfait est le temps de référence vis-à-vis du plus-que-parfait *(4)*, le futur simple est le temps de référence vis-à-vis du futur antérieur *(3)*.

	Temps de référence	Temps du verbe exprimant une action antérieure	Temps du verbe exprimant une action postérieure
1.	présent	passé composé	
2.	passé simple	passé antérieur	
3.	futur simple	futur antérieur	
4.	imparfait	plus-que-parfait	
5.	présent		futur simple
6.	présent	passé composé	

3 **Réécris cet extrait au passé, afin de retrouver le texte original.**

Gervaise lavait son linge de couleur dans l'eau chaude, grasse de savon, qu'elle avait conservée. Quand elle eut fini, elle approcha un tréteau, jeta en travers toutes les pièces et elle commença à rincer.

● Dans un récit au passé, les actions de premier plan sont au passé simple.

50 Expression écrite

Discours direct et indirect

1 **Lis cet extrait, puis réponds aux questions.**

Jusqu'à minuit, les deux amphitryons, sous la tonnelle, <u>exhalèrent</u> leur ressentiment :
« Ah ! l'eau manque dans le bassin ! Patience, on y verra jusqu'à un cygne et des poissons !
– À peine s'ils ont remarqué la pagode ! <u>s'offusqua</u> Bouvard.
– Prétendre que les ruines ne sont pas propres est une opinion d'imbécile !
– Et le tombeau une inconvenance ! Pourquoi inconvenance ? Est-ce qu'on n'a pas le droit d'en construire un dans son domaine ? Je veux même m'y faire enterrer !
– Ne parle pas de ça ! » <u>dit</u> Pécuchet.

1. Encadre le passage où les paroles sont rapportées au style direct, en incluant la phrase qui introduit le discours.
2. Dans ce dialogue, combien y a-t-il d'interlocuteurs ? Deux.
Qui sont-ils ? Bouvard et Pécuchet.
3. Souligne, dans le passage que tu as encadré, tous les signes de ponctuation relatifs au style direct, ainsi que les verbes de parole.
4. Relève la phrase où le narrateur rapporte des paroles au style indirect.
« Le curé, avant de partir, confia timidement à Pécuchet qu'il ne trouvait pas convenable ce simulacre de tombeau au milieu des légumes. »
Qui prononce ces paroles ? Le curé.
5. Réécris cette phrase en utilisant le discours direct. Place le verbe de parole après les paroles rapportées.
« Je ne trouve pas convenable ce simulacre de tombeau au milieu des légumes » confia timidement le curé à Pécuchet avant de partir.

● *Question 3* : le dialogue est introduit par le verbe **exhaler**, ce qui signale que les propos vont être exprimés avec vivacité ; cela est confirmé par la ponctuation : on trouve au moins un point d'exclamation dans chaque réplique.

● *Question 4* : le discours indirect fait partie de la narration ; il est introduit ici par le verbe *confier*, le discours étant contenu dans la proposition subordonnée complétive *qu'il ne trouvait...*

● *Question 5* : note le changement de pronom et de temps (*il* → *je* ; imparfait → présent).

2 **Lis ce texte, puis réponds aux questions.**

« Pourquoi ne me donnes-tu point de sucre ? <u>demanda</u>-t-il à Grand-mère, du ton capricieux d'un enfant gâté.
Elle <u>répondit</u> gentiment, mais avec fermeté :
– Prends du miel en guise de sucre, cela vaut mieux... »

1. Encadre le passage où les paroles sont rapportées au style direct.
2. Qui sont les interlocuteurs dans ce dialogue ? Le grand-père et la grand-mère du narrateur.
3. Souligne les verbes de parole et les signes de ponctuation qui caractérisent le discours direct.
4. Réécris les deux répliques du dialogue en utilisant le discours indirect.
Grand-père demanda à Grand-mère, du ton capricieux d'un enfant gâté, pourquoi elle ne lui donnait point de sucre. Elle lui répondit gentiment, mais avec fermeté, de prendre du miel en guise de sucre, et elle ajouta que cela valait mieux.

● *Question 4* : le discours indirect faisant partie du récit, les verbes sont conjugués aux temps propres au récit ; ici, le passé simple et l'imparfait.
La *deuxième phrase* demandait quelques petites transformations (du fait de la présence de plusieurs verbes, dont un à l'impératif), et pouvait être formulée autrement, par exemple : *Elle lui répondit gentiment, mais avec fermeté, qu'il valait mieux qu'il prenne du miel en guise de sucre.*

Les procédés de reprise

1 Lis cet extrait d'une fable de Jean de La Fontaine, puis réponds aux questions.

1. Relève les reprises nominales qui désignent le loup.
« cet animal plein de rage », « Sire », « Votre Majesté », « cette bête cruelle ».
2. Ces reprises appartiennent à deux champs lexicaux. Lesquels ?
La sauvagerie et la royauté.
3. À ton avis, pourquoi l'auteur a-t-il choisi ces champs lexicaux ?
Le champ lexical de la sauvagerie renforce l'image négative du loup, la représentation que l'on en a et la peur qu'il nous procure. L'agneau utilise le champ lexical de la royauté pour flatter le loup, il essaie de l'amadouer.
4. Dans ce texte, une reprise pronominale reprend une reprise nominale du loup. Laquelle ?
Le pronom personnel « Elle » reprend la reprise nominale « Votre Majesté ».

● Les reprises nominales ne servent pas seulement à éviter des répétitions, elles permettent aussi de mettre en avant un ou plusieurs aspects de la chose ou de la personne dont il s'agit : ici, elles mettent en avant le caractère effrayant du loup et son désir d'être considéré comme le roi de la forêt.

2 Trouve le mot générique qui correspond à chaque série de mots spécifiques.

1. émeraude – rubis – saphir – diamant : pierres précieuses.
2. fauteuil – chaise – tabouret – pouf – banc : sièges.
3. maison – hutte – appartement – igloo : habitations.
4. côtelette – gigot – poulet – bifteck : viandes.
5. bague – bracelet – collier – boucles d'oreille : bijoux.
6. Toulouse – Madrid – Prague – Atlanta : villes.

● Le mot **générique** a un sens moins précis que le mot spécifique.
● Un mot peut être générique par rapport à certains mots, et spécifique par rapport à d'autres : par exemple, *viande* est générique vis-à-vis de *gigot*, spécifique vis-à-vis de *nourriture*.

3 Réécris ce texte en reprenant tous les mots en gras par les pronoms ou les groupes nominaux suivants, afin de retrouver le texte original : *il – ils – le – les – eux – en – ces animaux – les bêtes.*

Emmi était un pauvre petit gardeur de cochons, orphelin et très malheureux, non seulement parce qu'**il** était mal logé, mal nourri et mal vêtu, mais encore parce qu'**il** détestait **les bêtes** que la misère **le** forçait à soigner. **Il en** avait peur, et **ces animaux**, qui sont plus fins qu'**ils** n'en ont l'air, sentaient bien qu'**il** n'était pas le maître avec **eux**. **Il** s'en allait dès le matin, **les** conduisant dans la glandée, dans la forêt.

● *Emmi* est un personnage masculin, il ne pouvait être remplacé que par les pronoms de la 3e personne du singulier.
● *Les cochons* (masculin, pluriel) pouvaient être repris par les pronoms de la 3e personne du pluriel ou par les GN *ces animaux* (pour remplacer *ces* cochons) ou *les* bêtes (pour remplacer *les* cochons).

Auteur et narrateur

1 **Lis les quatre extraits suivants, puis complète le tableau.**

	Extrait 1	Extrait 2	Extrait 3	Extrait 4
Qui est l'auteur de ce texte ?	G. Flaubert	G. Leroux	M. Tournier	Ovide
De quel genre de texte s'agit-il ?	roman	roman	récit auto-biographique	récit mythologique
À quelle personne sont les pronoms ?	3e personne	1re personne	1re personne	3e personne
Qui sont les personnages de l'histoire ?	Madame Bovary	Rouletabille, les concierges	Michel Tournier	Dédale, Icare
Le narrateur est-il un personnage ? Si oui, lequel ?	Non	Oui : Rouletabille	Oui : Michel Tournier	Non
Le narrateur s'identifie-t-il à l'auteur ?	Non	Non	Oui	Non

● Dans les *extraits 1* et *4*, le narrateur est extérieur à l'histoi[re] (récits à la 3e personne).

● Dans l'*extrait 3*, qui est un récit autobiographique, auteur et narrateur se confondent (récit à la 1re personne).

● Dans l'*extrait 2*, le narrateur est un des personnages de l'histoi[re] (récit à la 1re personne) ; dans ce cas, le personnage-narrate[ur] est souvent le héros, comme ici. Comme tu le vois, le fait que le ré[cit] soit mené à la 1re personne ne signifie pas forcément qu'auteu[r] et narrateur se confondent.

2 **Lis cet autre extrait de *Madame Bovary*, puis réécris le texte en imaginant que le narrateur est Charles Bovary.**

– Levez-vous, dit le professeur.
Je me levai ; ma casquette tomba. Toute la classe se mit à rire. Je me baissai pour la reprendre. Un voisin la fit tomber d'un coup de coude, je la ramassai encore une fois. [...] Il y eut un rire éclatant des écoliers qui me décontenança, si bien que je ne savais s'il fallait garder ma casquette à la main, la laisser par terre ou la mettre sur ma tête.

● Il fallait remplacer les pronoms de la 3e personne ainsi que la repri[se] nominale *ce pauvre garçon* (on ne parle pas ainsi de soi-même) par le[s] pronoms de la 1re personne ; il falla[it] également changer les déterminant[s] possessifs et accorder les verbes av[ec] leurs nouveaux sujets.

Accorder les adjectifs de couleur

● Un adjectif de couleur s'accorde de manière générale en genre et en nombre, comme tout adjectif.

Mais il existe **deux cas où il reste invariable** :
– lorsqu'il est formé de plusieurs mots : *des robes rouge vif, vert foncé, bleu roi, bleu nuit...* ;
– lorsqu'il est dérivé d'un nom : *des robes citron, caramel, orange, marron...*
Cette dernière règle a des **exceptions**. Certains adjectifs de couleur dérivés d'un nom s'accordent en genre et en nombre : *des robes roses, mauves, pourpres, écarlates, violettes...*

1 Accorde chaque adjectif de couleur entre parenthèses, et souligne le nom auquel il se rapporte.

Et l'œil devint de plus en plus gros, de plus en plus rond, comme une lune (*roux*) ....

dans un ciel vide, avec en son milieu, une pupille de plus en plus (*noir*) .... et des

petites taches de couleurs différentes qui apparaissent dans le chaud brun de l'iris, ici une

tache (*bleu*) ...., (*bleu*) .... comme l'eau gelée sous le ciel, là un éclair d'or, brillant

comme une paillette.

D. Pennac, *L'Œil du loup* © Nathan, 1984.

2 Accorde les adjectifs de couleur.

Quand j'allais chez ma grand-mère, je pouvais passer des heures à observer

sa collection de foulards. Il y en avait de toutes les couleurs : des (*jaune*)

.................., des (*bleu pâle*) ...., des (*gris clair*) ....,

des (*marron*) ...., des (*vert bouteille*) ...., des (*jaune*

citron*) ...., des (*cerise*) ...., des (*vert olive*)

......................., des (*ocre*) ...., des (*grenat*) ....

> Tous les mots entre parenthèses sont des adjectifs : le nom « foulards » est sous-entendu.

3 Complète les phrases avec l'adjectif qui convient parmi ceux de la liste suivante, et accorde-le : *rose bonbon – écarlate – vert – noir – orange – bleu – blanc – bleu, blanc, rouge.*

1. Il est de sombre humeur, il a des idées .... – **2.** Elles ont eu tellement honte

qu'elles sont devenues .... – **3.** Le drapeau français et le drapeau britannique

sont tous les deux .... – **4.** Quand ma sœur était petite, elle ne voulait

porter que des robes .... – **5.** Regardez-la ! elle est .... comme un

linge, elle a dû avoir une peur .... – **6.** Certains conducteurs font comme si les

feux .... étaient la même chose que les feux ....

Accorder *nu, demi, mi-, semi-*

- **Mi-** et **semi-** sont toujours invariables : *à mi-distance, des semi-remorques.*
- **Nu-** et **demi-** placés devant le nom sont invariables : *nu-tête, demi-heure.*
- **Nu** placé après le nom s'accorde en genre et en nombre : *les jambes nues.*
- **Demi** placé après le nom s'accorde en genre seulement : *trois heures et demie.*

1 **Accorde les mots entre parenthèses si nécessaire.**

1. La couturière a acheté deux mètres et (*demi*) .... de soie pour faire une robe. –
2. Le cycliste s'essouffle déjà alors qu'il n'est qu'à (*mi*) ....-côte. – **3.** Sur
la plage, il est agréable de marcher (*nu*) ....-pieds, mais il n'est pas
conseillé de rester tête (*nu*) .... au soleil. – **4.** Les ouvriers ont chargé trois
tonnes et (*demi*) .... de déchets dans les (*semi*) ....-
remorques. – **5.** L'horloge de ma grand-mère sonne les (*demi*) ....

> **Attention :**
> un des mots
> entre paren-
> thèses est
> un nom.

2 **Réécris chaque phrase, sans en changer le sens, en remplaçant les mots en italique par un mot composé avec *mi-, semi-, nu-* ou *demi-*.**

1. Pour avoir plus de loisirs, il travaille *le matin et pas l'après-midi.*

→ ....

2. Sa mère lui a demandé d'acheter *la moitié d'un pain.*

→ ....

3. Avant de courir un marathon de 42 km, il faut s'entraîner sur *une distance de 21 km.*

→ ....

4. Les enfants aiment bien marcher *sans chaussures.*

→ ....

3 **Relie *mi-* et *demi-* aux noms avec lesquels ils peuvent former un nom composé.**

mi- •   • baguette

demi- •   • hauteur

          • journée

4 **Donne une expression de même sens contenant l'adjectif *nu*.**

1. Porter un vêtement sans manches : être ....

2. Voir sans instrument d'optique : voir à ....

3. Ne pas porter de vêtement sur le haut du corps : être ....

Accorder les déterminants numéraux

● Les déterminants numéraux **cardinaux** (*un, deux, trois...*) expriment le nombre. Ils sont **invariables**, à l'exception de :
– *cent*, qui prend un **-s** quand il est multiplié et quand il n'est pas suivi d'un autre déterminant numéral cardinal : *deux cents* mais *deux cent cinquante* ;
– *vingt*, qui prend un **-s** quand il est multiplié et quand il n'est pas suivi d'un autre déterminant numéral cardinal : *quatre-vingts* mais *quatre-vingt-deux, quatre-vingt-dix* ;
– *un*, qui s'accorde en genre : *vingt et un**e** journées*.
Attention ! *millier, million, milliard* ne sont pas des déterminants numéraux mais des noms : ils sont donc variables. *La France compte plus de soixante million**s** d'habitants.*

● Les déterminants numéraux **ordinaux** (*premier, deuxième, troisième...*) indiquent le rang, l'ordre. Ils **varient** en genre et en nombre : *Les premi**ères** chaleurs arrivèrent.*

● Avec ou sans **trait d'union** ?
On met un trait d'union entre le terme qui représente la dizaine et celui qui représente l'unité, sauf si ces termes sont coordonnés par *et* : *cent vingt-quatre* mais *cent vingt **et** un.*

1 Accorde les mots en italique si nécessaire.

1. Cette imprimante coûte *deux... cent... quatre...-vingt...* euros alors que la mienne vaut *quatre...-vingt...-quinze...* euros. – **2.** Un pou mesure *neuf... dixième...* de millimètre. – **3.** Ce film comique a déjà fait entre *deux... cent...* et *deux... cent... cinquante... mille...* entrées. – **4.** Je n'ai aucun souvenir des *première...* années de mon enfance.

2 Relie chaque expression à sa définition.

être sur son trente et un ●   ● s'habiller avec élégance

se mettre en quatre ●   ● attendre très longtemps

attendre cent sept ans ●   ● faire l'impossible

voir trente-six chandelles ●   ● avoir entièrement raison

avoir mille fois raison ●   ● être étourdi par un coup

3 Écris les nombres entre parenthèses en toutes lettres.

1. La Loire – (*1 010*) .... kilomètres – est trois fois moins longue que la Volga – (*3 500*) .... kilomètres –, principal fleuve de l'Europe. Elle est six fois moins longue que le Yang-tseu-kiang – (*6 300*) .... kilomètres –, principal fleuve de l'Asie.

2. L'Amérique du Sud a une superficie de (*17 845 439*) .... kilomètres carrés.

Million n'est pas un déterminant numéral.

35

33 Orthographe
Distinguer *ces, ses, c'est, s'est, sais, sait*

- **Ces** est le pluriel des déterminants démonstratifs *ce, cette, cet* : *J'ai acheté* **ces** *fleurs.* → on peut dire : *J'ai acheté* **cette** *fleur.*

- **Ses** est le pluriel des déterminants possessifs *son* et *sa* : *Il a oublié* **ses** *livres.* → on peut dire : *Il a oublié* **son** *livre.*

- **C'est** est l'association du pronom démonstratif *ce* (élidé) et du verbe *être* : **C'est** *toi ?* → on peut dire : **C'était** *toi ?*

- **S'est** est l'association du pronom réfléchi *se* (élidé) et du verbe *être* : *Paul* **s'est** *cassé le pied.* → on peut dire : *Je* **me suis** *cassé le pied.*

- **Sais** et **sait** sont les formes conjuguées du verbe *savoir* au présent de l'indicatif et aux personnes du singulier : *Je sais, tu sais, il sait.* → on peut dire : *Je savais, tu savais, il savait.*

1 *Ces* ou *ses* ? Coche la bonne réponse.

1. Marion a égaré ❑ **ces** ❑ **ses** affaires. – **2.** Quand cesseras-tu de t'en prendre à ❑ **ces** ❑ **ses** pauvres animaux ? – **3.** Chaque âge a ❑ **ces** ❑ **ses** plaisirs. – **4.** Te souviens-tu de ❑ **ces** ❑ **ses** amis que nous avions rencontrés durant ❑ **ces** ❑ **ses** merveilleuses vacances en Égypte ? – **5.** ❑ **Ces** ❑ **Ses** parents sont ravis de le revoir. – **6.** Elle ne tenait plus sur ❑ **ces** ❑ **ses** jambes.

2 Barre les mots en italique qui ne sont pas écrits correctement, puis corrige-les.

1. *C'est* .... un bon livre, mais *sait* ....-tu qui l'a écrit ? – **2.** *Ses* .... élèves disent que *s'est* .... un très bon professeur. – **3.** Je *sais* .... que *ces* .... moi qui ai raison. – **4.** *C'est* .... le mois dernier qu'il *sait* .... décidé à arrêter de fumer *ces* .... horribles cigares. – **5.** Jean ne *s'est* .... pas comment il va trouver *ces* .... amis, il *c'est* .... égaré.

Il y a sept erreurs à corriger.

3 Complète cet extrait avec *ses, ces, c'est* ou *s'est.*

« .... sans doute vous, Yoyo ? a-t-il dit aigrement en omettant sciemment "Monsieur". Vous pouvez déposer votre manteau et votre chapeau sur .... portemanteaux, et .... par là qu'il faut entrer. » .... marques d'intérêt amadouèrent Tom mais n'apaisèrent cependant pas .... inquiétudes irlandaises : « L'un de .... messieurs désire-t-il une tasse de thé ? » .... enquis Tom, sûr d'identifier ainsi l'Anglais et de le distinguer de .... amis. Tout le monde .... excusé de refuser.

D'après F. et E. Gilbreth, *Six filles à marier*, trad. H. Commin © Hachette, 1958.

Distinguer *es, est, ai, aie, aies, ait*

● *Es* et *est* sont des formes conjuguées du verbe ***être*** :
– ***es*** = indicatif présent, 2e personne du singulier : *Es-tu là ?*
– ***est*** = indicatif présent, 3e personne du singulier : *Est-il là ?*

● *Ai, aie, ais* et *ait* sont des formes conjuguées du verbe ***avoir*** :
– ***ai*** = indicatif présent, 1re personne du singulier : *J'ai de la chance.*
– ***aie*** = impératif présent, 2e personne du singulier : *Aie de la chance !*
   ou subjonctif présent, 1re personne du singulier : *Il faut que j'aie de la chance.*
– ***aies*** = subjonctif présent, 2e personne du singulier : *Il faut que tu aies de la chance.*
– ***ait*** = subjonctif présent, 3e personne du singulier : *Il faut qu'il ait de la chance.*

1 **Complète le texte avec *ai, es,* ou *est*.**

Depuis ce matin, j'........ une montre, une montre à moi. À nouveau, j'........ soulevé ma

manche pour regarder l'heure : il .... midi. Cela .... sans importance, mais j'........ un

plaisir intense à contempler les aiguilles courir sur le cadran. « Il .... midi, ...-je répété

trois fois.

– ....-tu fou ? s'étonne ma sœur. Quelle affaire qu'il soit midi !

– Peut-être, lui ....-je répondu, mais j'........ le sentiment que ma vie ....

différente : n'........-tu pas heureuse que je sache bien l'heure ?

– Mais, si tu .... réveillé en pleine nuit, regarderas-tu ta montre ? ironise-

t-elle.

– La nuit, je n'........ pas besoin de montre. J'........ toujours une sœur pour

crier : quel .... cet imbécile qui me demande l'heure à trois heures du matin ? »

> Tu dois
> compléter
> huit fois avec
> le verbe *avoir*,
> huit fois avec
> le verbe *être*.

2 **Réécris les phrases en remplaçant les mots soulignés par les mots entre parenthèses.**

1. Nous *(Je)* avons appris qu'ils *(il)* sont arrivés les premiers. Vous *(Tu)* êtes au courant ?

→ ....

2. Il faut que nous *(il)* ayons plus de volonté pour gagner.

→ ....

3 **Coche la forme verbale qui convient.**

1. Je ne sais pas si tu ❏ ai ❏ es ❏ est au courant, mais il ❏ ai ❏ es ❏ est très malade et

j'aimerais qu'il ❏ est ❏ aie ❏ ait rapidement une consultation avec un spécialiste. – **2.** C' ❏ es

❏ est ❏ ait toi qui ❏ ai ❏ es ❏ est responsable de cette situation. – **3.** Bien qu'il y ❏ est ❏ ai

❏ ait du brouillard, il ❏ est ❏ es ❏ ait possible d'apercevoir ta maison en contrebas.

35 Orthographe
Placer les accents correctement

● L'**accent aigu** ne peut se mettre que sur le *e* (*café, bonté*). C'est l'accent le plus employé. L'**accent grave** se rencontre le plus souvent sur le *e* (*mère, progrès*) mais on le trouve également parfois sur le *a* en fin de mot (*déjà, là, voilà*) ou sur le *u* de *où*. Retiens que l'on ne met jamais d'accent aigu ou grave sur le *e* :
– lorsqu'il est suivi de deux consonnes (*effort*) ;
– lorsqu'il est suivi de la lettre *x* (*examen*) ;
– lorsqu'il appartient à la syllabe finale d'un mot qui se termine par *d, r, t, z, f*, ou *h* (*pied*).

● L'**accent circonflexe** peut se trouver sur le *a*, le *e*, le *i*, le *o*, le *u*. Il est utilisé pour différentes raisons :
– il peut marquer la disparition d'une lettre, en général le *s* (*vêtir, vestiaire*) ;
– il peut servir à distinguer des homonymes (*monter une côte ; la cote d'alerte*) ;
– il caractérise le passé simple de l'indicatif (1re et 2e personnes du pluriel : *nous allâmes, vous allâtes*) et le subjonctif imparfait (3e personne du singulier : *qu'il allât*).

● Le **tréma** peut se trouver sur le *e*, le *i*, le *u*. Il sert à marquer la séparation de deux voyelles juxtaposées (*glaïeul, haïr*) ou à indiquer que la voyelle qui précède doit se prononcer (*aiguë*).

1 **Accentue comme il convient.**

1. *Ajoute les accents graves ou aigus*. Cher pere, chere mere, chers freres et sœurs. Des que je suis arrive chez grand-mere, nous sommes alles marcher en forêt pres de l'etang.

2. *Ajoute les accents circonflexes*. Il fabrique une bete à cornes en pate à modeler : il a du etre minutieux pour faire la tete, et maintenant il fixe les pattes sur le corps.

3. *Ajoute les trémas*. J'ai oui dire qu'il était naif, égoiste, et qu'il haissait son aieul.

2 **Complète avec l'homonyme qui convient, et fais les accords si nécessaire.**

1. *mur* ou *mûr* ? Son jeu préféré est d'écraser des fruits .... contre le ....

2. *sur* ou *sûr* ? Es-tu bien .... de l'avoir posé .... la table ?

3. *fut* ou *fût* ? Bien qu'il .... de sombre humeur, il .... charmé par le spectacle.

4. *du* ou *dû* ? Il a .... demander .... pain à son voisin.

3 **Accentue les mots en italique si nécessaire.**

Je suis si bien *installe* dans mon moulin, *situe* dans *cette region* chaude et *parfumee ou* j'ai *vecu des* mon plus jeune *age*. Ma *fenetre* s'ouvre sur la *foret* ; *a* l'horizon, les *montagnes decoupent* leurs *cretes* fines. Pas de bruit. *Voila* une semaine que je suis *arrive* et j'ai *deja* la *tete bourree* de souvenirs…

A. Daudet, *Les Lettres de mon moulin*, 1869.

> Il y a deux mots en italique qui n'ont pas besoin d'être accentués.

Ajouter une lettre muette si nécessaire

Certains mots comportent des **lettres muettes** (des lettres qui ne se prononcent pas). Elles se trouvent le plus souvent à la fin des mots. On peut parfois deviner leur présence en cherchant des mots de la même famille : *goût, goûter.*

● Le *h* muet peut se trouver à l'intérieur d'un mot (*un bohémien, la méthode*). Il peut alors jouer le rôle d'un tréma (*envahir* = en-va-hir), ou avoir la valeur d'un *u* (*ghetto*).

● Placé devant un *n*, le *m* peut être muet (*automne*).

● Le *p* est muet dans les mots de la famille de *compter, sculpter*, dans les mots *sept, sirop, prompt*...

● De nombreux noms au singulier se terminent par un *s* ou un *x* muet : *discours, verglas, legs, puits, remords, taux, crucifix*...

● De nombreux noms féminins, et certains noms masculins, se terminent par un *e* muet: *baie, génie, lycée*... On trouve également des *e* muets à l'intérieur des mots, notamment dans les noms dérivés des verbes en *-yer, -uer, -ier* : *tournoyer, tournoiement.*

1 **Écris les noms en** *-ment* **dérivés de ces verbes.**

1. larmoyer : ....

2. payer : ....

3. rapatrier : ....

4. bégayer : ....

5. renier : ....

6. éternuer : ....

N'oublie pas le e muet.

2 **Pour chaque mot, donne un mot de la même famille qui contient une lettre muette.**

1. sanguin : le ....

2. l'outillage : un ....

3. planter : un ....

4. blancheur : le ....

3 **Complète les expressions avec un homonyme du mot en italique comportant une lettre muette (ex : du fil à coudre – une file d'attente).**

1. un *cou* de girafe – un .... de téléphone. – 2. *Hou* ! je suis un fantôme. – une branche de .... – 3. un *seau* à glace – au .... du lit. – 4. Le *tan* sert à préparer le cuir. – Je n'ai pas le .... – 5. Cela va de *soi*. – Cette étoffe, c'est de la .... – 6. Il est rejeté, mis au *ban*. – Les amoureux s'embrassent sur les .... publics.

4 **Réécris chaque mot en ajoutant un** *h* **muet si nécessaire, et barre les mots mal orthographiés.**

1. une amétyste : ....

2. une pastèque : ....

3. une antologie : ....

4. une cirrose : ....

5. un lutier : ....

6. un dalia : ....

Un seul mot est écrit correctement.

37 Orthographe
Écrire les adverbes en -ment

- Les adverbes en **-ment** se forment de manière générale en ajoutant le suffixe **-ment** au féminin de l'adjectif dont ils dérivent : *dur → dure → durement*. Mais ce n'est pas toujours le cas.

- Quand l'adverbe est dérivé d'un adjectif qui se termine au masculin par **-ai, -é, -i** ou **-u**, il se construit à partir du masculin de l'adjectif : *vrai → vraiment* ; *aisé → aisément*.

- On met un accent circonflexe sur le **u** des adverbes suivants : *assidûment, goulûment, crûment*.

- Les adjectifs en **-ant** forment des adverbes en **-amment** : *savant → savamment*.

- Les adjectifs en **-ent** forment des adverbes en **-emment** : *évident → évidemment*. Il y a des exceptions : *lent → lentement* ; *présent → présentement*.

---

1 Donne les adjectifs féminins correspondant aux noms suivants, puis les adverbes qui en dérivent.

1. douceur → .... → ....   **3.** faiblesse → .... → ....

2. sottise → .... → ....   **4.** cherté → .... → ....

2 Trouve les adverbes contraires des adverbes de manière suivants.

1. bravement → l...........................   **3.** comiquement → t.....................

2. nouvellement → a.....................   **4.** artificiellement → n...................

> Aide-toi de la première lettre.

3 Donne les adverbes qui dérivent des adjectifs suivants.

1. hardi →...........................   **3.** isolé →...........................   **5.** joli → ....

2. poli →...........................   **4.** absolu →.......................   **6.** étourdi → ....

4 Donne les adjectifs masculins correspondant aux noms suivants, puis les adverbes qui en dérivent.

1. prudence →.................. → ....   **3.** lenteur → .... → ....

2. bruit →.................. → ....   **4.** ardeur → .... → ....

5 Relève les quatre adverbes de ce texte puis, pour chacun, écris entre parenthèses l'adjectif masculin dont il dérive.

Le brocanteur louait habituellement un emplacement sur la place du marché mais, cette fois, on lui dit gentiment qu'il pouvait l'occuper gratuitement. Ce traitement de faveur était vraiment étonnant !

1. .... (...........................).   **3.** .... (...........................).

2. .... (...........................).   **4.** .... (...........................).

40

Vocabulaire
Distinguer les différents sens d'un mot polysémique

● Un mot **polysémique** est un mot qui peut avoir **plusieurs sens**, suivant le contexte.
*Je bois une **coupe** de champagne.* → coupe = verre.
*Ils ont gagné la **coupe** de ce tournoi.* → coupe = trophée.

● Le **sens propre** d'un mot est le sens **premier**, le plus souvent concret, du mot.
Le **sens figuré** est un sens **imagé** du mot.
*Traverse le **torrent** pour rejoindre le village.* → torrent est employé au sens propre.
*Il déversa un **torrent** d'injures.* → torrent est employé au sens figuré (= abondance).

1 Dans chaque série, trouve le mot polysémique qui peut compléter les différentes expressions.

1. une .... à jouer ; la .... d'un restaurant ; une .... routière.

2. une danseuse .... ; une .... lumineuse ; avoir sa première ....

3. un .... de blé ; un .... de bataille ; un .... d'investigation.

2 Indique si les mots en italique sont employés au sens propre (P) ou au sens figuré (F).

1. C'est une boisson *amère* (.......). – **2.** Ses opinions montrent l'*étroitesse* (.......) de son esprit. – **3.** La *fleur* (.......) du pissenlit est comestible. – **4.** J'ai une pensée *amère* (.......). – **5.** Elle est dans la *fleur* (.......) de l'âge. – **6.** Ce sont les *fruits* (.......) de tes efforts. – **7.** Cette rue est impraticable pour les voitures à cause de son *étroitesse* (.......). – **8.** La vache est un animal qui *rumine* (.......). – **9.** Les diététiciens conseillent de manger plusieurs *fruits* (.......) par jour. – **10.** Il *rumine* (.......) de vieilles histoires.

3 Dans cet extrait, deux mots sont employés au sens figuré : souligne-les.

Agitée, enfiévrée, Isabelle ouvrit la fenêtre pour éteindre, à la fraîcheur de la nuit, les feux de ses joues et de son front.

Th. Gautier, *Le Capitaine Fracasse*, 1863.

4 Associe à chacun de ces mots polysémiques un complément choisi parmi ceux de la liste, puis souligne les expressions qui sont au sens figuré : *d'étincelles – de musique – la salade – du bois – des millions – en maths – des bêtises – la vaisselle – de fleurs – un échec.*

1. une note .... et une note ....

2. brasser .... et brasser ....

3. des gerbes .... et des gerbes ....

4. débiter .... et débiter ....

5. essuyer .... et essuyer ....

> Il y a trois expressions au sens figuré.

39 Vocabulaire

Repérer un champ lexical

> ● Un **champ lexical** est un ensemble de mots se rapportant à une **même idée**, à un même thème.
> Ces mots peuvent être des noms, des adjectifs, des verbes…
> Champ lexical de la **lumière** : *jour, éclat, rayon, reflet, aube, blafard, diffuse, réfléchir, irradier…*

1 Lis ce dialogue extrait de la bande dessinée *Pas de pitié pour Achille Talon*, puis relève les mots appartenant au champ lexical du feu.

Un commerçant tente de vendre, en plein été, un appareil de chauffage à Achille Talon.

ACHILLE TALON : Des calorifères en pleine canicule ! Vous m'échauffez les oreilles, fumiste. Je m'en vais avant de vous réduire en cendres.

LE COMMERÇANT : Il s'enflamme, il s'enflamme ! Cependant, dévoré par la fournaise de la curiosité, vous brûlez de poser la question : ne vais-je pas flamber inconsidérément mes économies ? Je réponds : feu ! N'hésitez plus ! Ce poêle de derrière les fagots illuminera votre vie !

> Tu dois relever treize mots différents.

D'après Greg, *Pas de pitié pour Achille Talon* © Dargaud, 1975.

Champ lexical du feu : ....

....

2 Barre l'intrus dans chaque série, puis associe à chacune un champ lexical en choisissant parmi ceux de la liste : *eau – informatique – montagne – arme – courage.*

1. épée – arc – couteau – blason – fusil. Champ lexical : ....

2. brave – vaillant – sagesse – héros – affronter. Champ lexical : ....

3. rocher – ravin – sommet – pain – glacier. Champ lexical : ....

4. torrent – goutte – vapeur – cascade – vent. Champ lexical : ....

5. souris – téléphone – imprimante – clavier – mémoire. Champ lexical : ....

3 Complète le texte avec les mots de la liste suivante, puis indique à quel champ lexical ils appartiennent : *bancs – table – chaises – buffets.*

Cette salle, entièrement boisée, contient des .... crasseux sur

lesquels sont posés des carafes ternes, des piles d'assiettes en porcelaine

épaisse, des verres ébréchés. On y rencontre des meubles indestructibles :

une grande .... recouverte d'une nappe brodée, des

.... paillées, des .... cirés.

> Aide-toi du contexte et des accords grammaticaux pour faire ton choix.

D'après H. de Balzac, *Le Père Goriot*, 1835.

Champ lexical : ....

42

Distinguer des homonymes

● Des **homonymes** (ou homophones) sont des mots qui se prononcent de la même façon, mais qui ont un sens différent : *vers, ver, vert, verre, vair.*
C'est le sens du mot, éclairé du **contexte**, qui détermine son orthographe : *un **vers** de Rimbaud, un **ver** de terre, il va **vers** l'école, une maison d'un beau **vert**, un **verre** à boire, la pantoufle de **vair**.*

● Les homonymes peuvent être aussi **homographes**, c'est-à-dire avoir la même orthographe : ***Son** violon fait un drôle de **son**.*
Des mots peuvent être homographes sans être homonymes, c'est-à-dire avoir la même orthographe mais se prononcer différemment : *Au **couvent** de l'abbaye, les poules **couvent**.*

1 Coche l'homonyme qui convient.

1. Il n'est pas toujours facile de passer un fil dans le ❏ **chat** ❏ **chas** d'une aiguille. – **2.** Mon ❏ **cher** ❏ **chaire** ami, nous avons fait bonne ❏ **chère** ❏ **chair** aujourd'hui. – **3.** Il pense en son ❏ **fort** ❏ **for** intérieur qu'il a tort. – **4.** Je ne me souviens plus de la ❏ **date** ❏ **datte** de son anniversaire. – **5.** Soyez tranquille, c'est un homme ❏ **sensé** ❏ **censé**.

2 Trouve les homonymes des mots suivants : ce sont des verbes à la 3ᵉ personne du singulier de l'indicatif présent.

1. coup – il ....   **3.** pain – il........................   **5.** mou – il ....

2. rond – il ....   **4.** pair – il........................   **6.** prix – il ....

3 En t'aidant du contexte, complète chaque phrase avec un homonyme du mot *cour*.

1. Mon grand-père est un amateur de chasse à .... – **2.** Pour préparer le marathon, il .... deux heures par jour. – **3.** Ce collégien ne va plus au .... de sport car il est dispensé. – **4.** Julien faisait une .... assidue à Marie depuis plusieurs mois. – **5.** L'affaire est passée devant la .... de justice. – **6.** Attendez-moi un .... instant, s'il vous plaît.

> Tu vas avoir recours à quatre orthographes différentes.

4 Complète chaque phrase avec deux mots homographes, puis souligne ceux qui sont aussi homonymes.

1. Les .... du docteur vont devoir être .... car il y a beaucoup de monde dans la salle d'attente. – **2.** .... de l'eau avant de partir, car une fois dans le ...., tu ne pourras pas te désaltérer. – **3.** Bien qu'il ne .... plus aussi bien qu'avant, il a repéré la .... ferrée avant nous. – **4.** Il a deux passions : son petit .... tigré, et le .... sur Internet.

Vocabulaire

Utiliser des synonymes
et percevoir leurs nuances

● Des synonymes sont des mots qui ont un **sens voisin**. Ils appartiennent à la même catégorie grammaticale (par exemple, un nom aura pour synonyme un nom).

● Des mots synonymes n'ont en général pas exactement le même sens : il existe entre eux des **nuances**. Observe ces exemples :
– *bouleverser* a un sens plus fort que son synonyme *inquiéter* (nuance d'intensité) ;
– *affublé* comporte une note péjorative dont est dépourvu son synonyme *habillé*.
Le choix entre les synonymes peut aussi se faire en fonction du niveau de langage :
tu me fais rire (langage courant) ; *tu me fais marrer* (langage familier).

1 Donne un synonyme pour chacun des mots suivants.

1. lieu → e.................................

2. vitesse → r............................

3. cesser → a.............................

4. forcer → c.............................

5. content → h...........................

6. captif → p.............................

7. têtu → e................................

8. peur → c................................

> Les mots synonymes appartiennent à la même classe grammaticale.

2 Dans quel sens l'adjectif *fin* est-il utilisé dans ces différents groupes nominaux ? Relie chaque expression au synonyme qui convient.

un repas fin ●   ● spirituel

une oreille fine ●   ● mince

une taille fine ●   ● subtile

un fin chasseur ●   ● adroit

une plaisanterie fine ●   ● sensible

un esprit fin ●   ● raffiné

3 Chaque série est composée de mots synonymes présentant des nuances d'intensité : réécris chaque liste en classant les termes du plus faible au plus fort.

1. déluge – averse – ondée → ....

2. troublant – inquiétant – effrayant → ....

4 Réécris chaque série de synonymes en fonction du niveau de langage auquel ils appartiennent (du plus soutenu au plus familier).

1. audace – culot – effronterie → ....

2. plaisanter – badiner – blaguer → ....

3. ficher le camp – prendre congé – s'en aller → ....

4. se grouiller – se dépêcher – se hâter → ....

42 Reconnaître et former des antonymes

- On appelle **antonymes** des mots de sens contraire et de même nature grammaticale : *effrayant – rassurant*.
- Certains antonymes ont le même radical ; c'est alors le préfixe qui oppose les termes : *réel – **ir**réel ; **im**ploser – **ex**ploser*.

1 Trouve l'antonyme de chaque nom.

1. occident → o..................... 3. ami → e........................... 5. gain → p........................

2. lâcheté → c..................... 4. acceptation → r................ 6. hausse → b......................

2 Trouve l'antonyme de chaque adjectif.

1. sensible → i................... 3. juste → f.................... 5. reposant → f.................

2. calme → e....................... 4. privé → p........................ 6. nomade → s................

3 Trouve l'antonyme de chaque verbe.

1. construire → d................. 3. lever → b................. 5. défendre → a................

2. enrichir → a.................... 4. vendre → a.................. 6. arriver → p................

4 Trouve l'antonyme de chaque adverbe.

1. beaucoup → p................. 3. peut-être → c................... 5. facilement → d..............

2. hier → d......................... 4. jamais → t....................... 6. lentement → v..............

5 Trouve l'antonyme de chaque mot en conservant le même radical.

1. inspirer → .... 4. matériel → ....

2. enterrer → .... 5. limité → ....

3. monoculture → .... 6. prénatal → ....

> Chaque antonyme est formé à l'aide d'un préfixe différent.

6 Transforme l'histoire d'Adèle et Rennequin en remplaçant les mots soulignés par des mots de sens contraire.

De <u>vilaines</u> histoires couraient sur les familiarités que Rennequin, un <u>vieux</u> garçon <u>débauché</u>, se permettait avec elle. Adèle, très <u>fermée</u>, comme on dit, <u>silencieuse</u> et <u>réfléchie</u>, paraissait <u>ignorer</u> ces rumeurs.

D'après É. Zola, *Madame Sourdis*, 1880.

....

....

....

....

Reconnaître une famille de mots

● On appelle **famille** de mots l'ensemble des mots, obtenus par dérivation et par composition, qui se rattachent à un même radical.

● La **dérivation** consiste à ajouter un ou plusieurs éléments (préfixes ou suffixes) à un mot ou à son radical : *placer* → **dé**placer → **dé**place**ment**.
L'orthographe du radical est stable : *atterrir, déterrer, enterrer, terrain* ont le même radical **terr-**. Mais certaines familles de mots ont deux radicaux ou plus : *déshonneur* (radical **honn-**), *déshonorer* (radical **honor-**).

● La **composition** consiste à créer un mot composé en rapprochant plusieurs mots simples : *station-service, portefeuille.*

1 Les mots de la liste suivante appartiennent à trois familles différentes ; classe-les par famille, puis indique pour chacune d'elles le radical ou les radicaux commun(s) : *armure – campement – armement – charnu – champêtre – armée – décamper – acharnement.*

1. .... Radical : ....

2. .... Radical : ....

3. .... Radical : ....

2 Relie chacun de ces mots de la famille de *temps* à sa définition.

contretemps ●   ● première saison de l'année

printemps ●   ● remettre à plus tard

temporaire ●   ● qui vit à la même époque

temporiser ●   ● circonstance fâcheuse qui dérange un projet

contemporain ●   ● qui ne dure qu'un certain temps

3 Classe les mots de la liste suivante selon qu'ils ont été obtenus par dérivation ou par composition : *sonnette – parapluie – pourboire – dégoût – portemanteau – empoisonner – terre-plein – bonhomme.*

– Dérivation : ....

– Composition : ....

> **Quatre mots ont été obtenus par composition.**

4 Complète le tableau par des mots de la même famille.

Nom	Verbe	Adjectif	Adverbe
ouverture	....	....	....
....	....	....	grandement
....	attrister	....	....
....	....	bruyant	....

44 Vocabulaire
Utiliser des préfixes latins et grecs

● Le français est une langue romane : elle est issue du latin. De nombreux mots sont issus d'autres langues, et notamment du grec.
Dans la formation d'un mot, on observe que :
– le **radical** est la partie qui exprime l'idée essentielle du mot ;
– les **préfixes**, éléments placés **avant le radical**, ont généralement un sens très précis.

● De nombreux préfixes sont d'**origine latine** ou **grecque** : connaître le sens des préfixes permet de deviner, de comprendre le sens d'un mot que l'on ne connaît pas, ou de découvrir l'origine d'un mot que l'on connaît bien. Observe ces exemples :
– *biscuit* : préfixe latin **bis-** = deux fois → **biscuit** = deux fois cuit ;
– *métamorphose* : préfixe grec **méta-** = changement → **métamorphose** = changement de forme.

1 Classe ces préfixes selon qu'ils sont d'origine latine ou grecque (tu peux t'aider du dictionnaire) : *aqua- – péd- – anti- – para- – péri- – omni- – centi- – photo-*.

Il y a quatre préfixes d'origine latine.

– Préfixes d'origine latine : ....

– Préfixes d'origine grecque : ....

2 Complète le tableau suivant (les préfixes à utiliser sont ceux de l'exercice 1).

Définition	Mot	Préfixe	Sens du préfixe
Récipient en verre pour les poissons.	....	aqua-	....
Actionner les pédales d'une bicyclette.	....	péd-	....
Phare utilisé par temps de brouillard.	....	....	contre
....	parapluie	....	....
Ligne qui délimite le contour d'une figure.	....	....	autour
....	omnivore	....	tout
....	centimètre	centi-	....
Obtenir une image par la photographie.	....	photo-	....

3 Définis les mots suivants sans regarder dans le dictionnaire.

1. bisannuel : ....

2. polymorphe : ....

3. omniprésent : ....

47

45 Vocabulaire
Utiliser des suffixes latins et grecs

● Les **suffixes**, éléments placés **après le radical**, sont souvent, comme les préfixes, d'**origine latine** ou **grecque**. Observe ces exemples :
– *somnambule* : suffixe latin **-ambule** = qui marche → **somnambule** = qui marche dans le sommeil ;
– *herbivore* : suffixe latin **-vore** = qui mange → **herbivore** = qui mange de l'herbe ;
– *névralgie* : suffixe grec **-algie** = douleur → **névralgie** = douleur des nerfs ;
– *ovoïde* : suffixe grec **-oïde** = en forme de → **ovoïde** = en forme d'œuf.

1 Complète chaque phrase avec un mot formé à l'aide d'un suffixe latin ou grec choisi parmi ceux de la liste suivante : *-cide – -cole – -pède* (suffixes d'origine latine) ; *-drome – -onyme – -thèque – -gone* (suffixes d'origine grecque).

1. C'est un passionné des courses de chevaux, il va chaque dimanche à l'...........................

– 2. Le suspect est accusé d'avoir tué un homme, mais on ne sait pas s'il s'agit d'un .... volontaire ou involontaire. – 3. Deux mots qui ont un sens voisin sont des

.... – 4. Il installe de nouveaux rayonnages dans la .... pour

ranger ses livres. – 5. Comme l'homme, le singe marche sur ses deux pieds, c'est un

.... – 6. Une figure qui possède six angles est un .... – 7. Je

m'intéresse à la culture des jardins et je suis allé à une exposition ....

2 Relie chaque suffixe à son sens.

-cide ●   ● course

-drome ●   ● pied

-cole ●   ● cultiver

-thèque ●   ● tuer

-pède ●   ● angle

-gone ●   ● armoire

-onyme ●   ● nom

Aide-toi des mots trouvés dans l'exercice précédent.

3 Relève, dans cet extrait, deux mots formés à l'aide d'un suffixe d'origine grecque.

Les géographies, dit le géographe, sont les plus précieux de tous les livres. Elles ne se démodent jamais.

A. de Saint-Exupéry, *Le Petit Prince* © Gallimard, 1943.

Mots formés à l'aide d'un suffixe grec : ....

Quel est le sens du suffixe ? ....

Vocabulaire

Reconnaître un pléonasme et une périphrase

Le pléonasme et la périphrase sont des **figures de style**, c'est-à-dire des procédés d'expression qui visent à produire divers effets. Repérer les figures de style, c'est mieux comprendre les intentions de l'auteur.

● Le **pléonasme** est une figure d'insistance qui consiste à ajouter des mots superflus (qui n'ajoutent rien au sens) dans le but de renforcer une idée. Il est intéressant s'il est **volontaire**, car il permet de faire ressortir plus fortement l'idée sur laquelle on veut insister : *Je l'ai vu de mes propres yeux.*
Le pléonasme est **fautif** lorsque la répétition est involontaire ou inutile : *Je monte en haut.*

● La **périphrase** est une figure de substitution qui consiste à remplacer un mot par une expression de même sens, de manière à éviter une répétition ou à faire ressortir une caractéristique particulière de ce dont on parle : *l'astre du jour* (= le soleil).

1 Relie chaque périphrase à ce qu'elle désigne.

le toit du monde ●
le billet vert ●
le Roi soleil ●
le roi des animaux ●
la capitale de la France ●
la langue de Shakespeare ●
l'homme du 18 juin ●
l'or noir ●

● Charles de Gaulle
● Paris
● le pétrole
● l'Himalaya
● Louis XIV
● le dollar
● l'anglais
● le lion

2 Souligne les pléonasmes volontaires.

1. « Mais puisque je vous dis que c'est la vérité, la vérité vraie » (Molière).

2. « Et que m'a fait à moi, cette Troie où je cours ? » (Racine).

3 Barre les pléonasmes fautifs.

1. Le but final de cette rencontre est de trouver un accord. – 2. Le professeur dicte le texte puis ensuite il le relit. – 3. Les émirats arabes exportent leur pétrole à l'étranger. – 4. Il a tout prévu d'avance. – 5. Elle se retourne et constate avec frayeur que quelqu'un la suit derrière. – 6. Les voisins se sont plaints, mais le tapage continue encore chaque soir. – 7. Ils ont collaboré ensemble de longues années avant de se séparer. – 8. Paul a marché à pied de l'école à chez lui. – 9. L'architecte présente son futur projet de construction d'un centre commercial. – 10. Je ne sais pas si je vais sortir aujourd'hui car vraiment on gèle de froid !

Il y a un pléonasme dans chaque phrase.

47 Identifier les valeurs du présent de l'indicatif

Selon l'emploi qui en est fait, le présent revêt différentes valeurs ou sens.

● Le **présent de l'énonciation** exprime une action ou un état qui se produit au moment où l'on parle ou écrit.
*Il **est** midi. Le soleil **brille**. J'**ai** trop chaud.*

● Le **présent itératif** exprime des actions qui se répètent, des habitudes.
*Chaque matin, je **mange** des crêpes.*

● Le **présent de vérité générale** exprime des faits, des états valables de tout temps. C'est le présent des proverbes et des vérités scientifiques.
*Pluie du matin, n'**effraie** pas le pèlerin. L'eau **bout** à cent degrés.*

● Le **présent de narration** exprime, dans un récit au passé, une action forte pour la rendre plus vivante, pour la faire ressortir.
*Nous déjeunions paisiblement. Tout allait bien. Nous étions heureux. Soudain, sortant du métro, il **apparaît**. À sa vue, Nathalie eut un rire bête.* → Le présent de narration met en valeur l'arrivée de la personne.

● Le **présent de récit** est un présent utilisé comme temps de base dans un récit, à la place des temps du passé, pour donner au lecteur l'impression que ce qu'il lit est en train de se passer.
Quand il s'agit d'un récit historique, on l'appelle **présent historique**.
*Le 18 septembre 1981, les députés **votent** l'abolition de la peine de mort.*

● Le présent peut exprimer un **passé récent** ou un **futur proche**. Dans ces emplois, le verbe s'accompagne fréquemment d'une indication de temps.
*J'**arrive** à l'instant. Dans une heure, elle **part**.*

● Le **présent à valeur hypothétique** exprime une action possible, soumise à une condition.
*S'il **arrive** en retard, je m'en **vais**.*

---

1 **Pour chacun des extraits suivants, indique quelle est la valeur du présent.**

1. Les fossiles se forment plus facilement au fond de l'eau. C'est pourquoi les fossiles d'animaux marins sont les plus nombreux.

Images doc, n° 99 © Bayard presse, 1997.

Valeur du présent : ....

> Tu dois choisir entre le présent de l'énonciation, le présent itératif, le présent de vérité générale et le présent de narration.

2. « Dans ma chambre... une araignée... une grosse araignée !...
– Ce n'est que ça ? dit tante Thérèse en riant. Il ne faut pas avoir peur des araignées. Tu n'es pas une mouche ! Elles ne te feront pas de mal !
– Je ne veux pas remonter là-haut », dit Élisabeth.

H. Troyat, *Les Semailles et les moissons* © Plon, 1953-1958.

Valeur du présent : ....

3. Il était seul. Il ouvre le piano, il approche une chaise, il se juche dessus.

R. Rolland, *Jean-Christophe* © Ollendorff, 1912.

Valeur du présent : ....

4. À la maison, Sonia ferme les volets et, comme à l'habitude, le couinement des charnières alerte le chat.

D. Daeninckx, *Le Chat de Tigali* © Syros, 1990.

Valeur du présent : ....

2 **Complète chaque phrase avec un proverbe au présent de vérité générale :**

la nuit porte conseil – tout est bien qui finit bien – l'habit ne fait pas le moine – mieux vaut tard que jamais – qui aime bien châtie bien – plus on est de fous, plus on rit.

1. Je commençais à désespérer de vous voir, mais ....

2. Je ne sais quelle décision prendre, je verrai demain, ...

3. Je trouve qu'il est sévère avec lui, mais ....

4. J'attends beaucoup d'invités, c'est très bien car ....

5. Avec sa dégaine, je ne l'imaginais pas professeur, ...

6. J'ai rencontré beaucoup de difficultés pour y arriver, mais ....

3 **Lis ces informations concernant Alexandre Dumas, puis réponds aux questions.**

Naissance le 24 juillet 1802 à Villers-Cotterêts – études médiocres – arrivée à Paris en 1823 – écrit pour le théâtre – succès avec *Henri III et sa cour* à la Comédie-Française en 1829 – ses genres littéraires : le drame et le roman historique – nombreux romans dont *Les Trois mousquetaires* et *Le Comte de Monte-Cristo* – meurt en 1870 à Puys – corps transporté au Panthéon en 2002.

Les informations sont données dans l'ordre chronologique.

1. À partir de ces éléments, rédige au présent une biographie d'Alexandre Dumas.

....
....
....
....
....
....
....

2. Quelle est la valeur du présent que tu as utilisé ? ....

48 Employer le passé simple ou l'imparfait

● Le **passé simple**, temps de la narration, permet d'évoquer tout ce qui fait progresser le récit, l'histoire. C'est le temps des actions de **premier plan**.

● L'**imparfait**, temps de la description, permet de décrire le décor, les impressions diverses, les sentiments qui forment le cadre ou l'**arrière-plan** du récit.

● Lis cet extrait, et observe que le sens des actions n'est pas le même selon que le verbe est au passé simple ou à l'imparfait.

*Le fantôme de Canterville **choisit** le vendredi 17 août pour se venger de la famille Otis et **employa** la majeure partie de cette journée à essayer sa garde-robe. Il **se décida** finalement pour un grand chapeau. Vers le soir, il y **eut** un violent orage.*
*Bref, **c'était** précisément le genre de temps qu'il **aimait**. Aux douze coups de minuit, il **se mit** en route. La chouette **battait** des ailes contre les vitres, un corbeau **croassait** du haut du vieil if, et le vent **errait** en gémissant.*

D'après O. Wilde, *Le Fantôme de Canterville*, trad. J. Castier © Hachette jeunesse, 1980.

● Le **passé simple** exprime une action (brève ou longue) que l'on présente comme unique, complète, une action délimitée dans le temps, envisagée du début jusqu'à la fin : *Aux douze coups de minuit, il se mit en route.*

● Par contre, si on avait voulu dire que cela se produisait tous les soirs, on aurait employé l'imparfait : *Aux douze coups de minuit, il se mettait en route.*

● Retiens que le passé simple traduit une action unique (c'est le 17 août précisément qu'il se venge), une action de premier plan.

● L'**imparfait** exprime une action que l'on présente comme étant en train de se dérouler ; les limites de l'action ne sont pas marquées : ainsi les actions de la chouette ont commencé avant minuit et se poursuivront bien après…

● Par contre, si on avait voulu dire que la chouette attendait minuit pour agir, alors on aurait employé le passé simple.

● Retiens que l'imparfait traduit une action ou un état habituel (le fantôme aime toujours les orages), ou une action qui s'inscrit à l'arrière-plan du récit.

1 Lis cet extrait de *La Gloire de mon père* de Marcel Pagnol, puis réponds aux questions.

Le jeudi était un jour de grande toilette, et ma mère prenait ces choses-là très au sérieux. Je commençai par m'habiller des pieds à la tête, puis je fis semblant de me laver à grande eau : c'est-à-dire que vingt ans avant les bruiteurs de la radiodiffusion, je composai la symphonie des bruits qui suggèrent une toilette.
J'ouvris d'abord le robinet du lavabo, et je le mis adroitement dans une certaine position qui faisait ronfler les tuyaux : ainsi mes parents seraient informés du début de l'opération. Pendant que le jet d'eau bouillonnait bruyamment dans la cuvette, je regardais à bonne distance. Au bout de quatre ou cinq minutes, je tournai brusquement le robinet, qui publia sa fermeture en faisant d'un coup de bélier, trembler la cloison. J'attendis un moment, que j'employai à me coiffer.

M. Pagnol, *La Gloire de mon père* © Bernard de Fallois, 1957. Site marcel-pagnol.com.

1. Souligne les verbes conjugués à l'imparfait et encadre les verbes conjugués au passé simple.

2. Relève la phrase dans laquelle l'imparfait sert à désigner une habitude.

....

....

3. Relève la phrase dans laquelle l'imparfait sert à décrire un arrière-plan.

....

....

> Les actions d'arrière-plan participent à la mise en place du cadre du récit.

4. À quel temps sont conjugués les verbes qui expriment les actions de premier plan ?

....

5. Réécris le passage en italique dans le texte avec le nouveau début qui t'est proposé.

Tous les jeudis, ...

....

....

2 **Dans cet autre extrait de *La Gloire de mon père*, conjugue les verbes au passé simple ou à l'imparfait, selon le sens, puis réponds aux questions.**

Nous (*s'installer*) .... sur un banc, toujours le même ; ma tante (*sortir*) .... un tricot de son sac.

Mais un beau dimanche, je (*être*) .... surpris péniblement lorsque nous (*trouver*) .... un monsieur assis sur notre banc. Sa figure (*être*) .... vieux-rose ; il (*avoir*) .... une épaisse moustache châtain, des sourcils roux et bien fournis, de gros yeux bleus, un peu saillants. Sur ses tempes, quelques fils blancs. Comme de plus, il (*lire*) .... un journal, je le (*classer*) .... aussitôt parmi les vieillards.

D'après M. Pagnol, *La Gloire de mon père* © Bernard de Fallois, 1957. Site marcel-pagnol.com.

1. Relève la phrase qui relate une action habituelle, puis souligne le ou les mots qui l'expriment.

....

2. Relève la phrase qui relate une rupture à cette habitude, puis souligne le ou les mots qui l'expriment.

....

3. Souligne les phrases qui constituent une description.

À quel temps sont les verbes ? ....

Connaître les valeurs des temps de l'indicatif

Un **temps de référence** est un temps par rapport auquel les autres temps utilisés prennent sens, c'est une sorte de repère temporel à partir duquel on peut parler d'actions antérieures (qui ont eu lieu *avant*) ou postérieures (qui ont eu lieu *après*).

● De manière générale, le temps de référence est le **présent**.
Pour exprimer des actions **postérieures** à celles exprimées au présent, on utilise les **temps du futur** (futur simple, futur antérieur). Le **futur antérieur** s'emploie pour exprimer une action future, mais antérieure à une autre action ou un autre événement futur : *Quand tu liras cette lettre, je serai parti.*
Pour exprimer des actions **antérieures** à celles exprimées au présent, on utilise les **temps du passé** (passé simple, imparfait, passé composé, plus-que-parfait, passé antérieur).

● Dans un **récit au passé**, le temps de référence est en général le passé simple.
Le plus-que-parfait et le passé antérieur permettent d'exprimer des actions antérieures à celles exprimées au passé simple ou à l'imparfait :
– le **passé antérieur** a une valeur proche de celle du passé simple, et exprime une action qui s'est produite immédiatement avant une action exprimée au passé simple : *Dès que j'eus protesté, il se tut.*
– le **plus-que-parfait** a une valeur proche de celle de l'imparfait, et exprime une action antérieure à une autre action exprimée à l'imparfait ou au passé simple :
Dès que j'avais protesté, il se taisait./ Elle se réveilla. Il avait préparé le petit déjeuner.

1 **Lis ce texte de Maupassant, souligne les verbes conjugués aux temps de l'indicatif, puis réponds aux questions.**

Un homme constate que sa carafe, pleine à son coucher, est vide à son réveil. Il cherche à percer le mystère…

> Le soir suivant, je voulus faire la même épreuve. Je fermai donc ma porte à clef pour être certain que personne ne pourrait pénétrer chez moi. Je m'endormis et je me réveillai comme chaque nuit. On **avait bu** toute l'eau que j'**avais vue** deux heures plus tôt.

G. de Maupassant, *Le Horla*, 1887.

1. Ce récit est-il au passé ou au présent ? ....

2. Quel est le temps de référence ? ....

3. À quel temps sont conjugués les verbes en gras ? ....

4. Classe, dans l'ordre chronologique, les actions que tu as soulignées dans le texte.

a) ....

b) ....

c) ....

d) ....

e) ....

f) ....

> L'ordre chronologique est l'ordre dans lequel les actions se déroulent.

● Cas du **passé composé** :
– il peut servir à exprimer une action antérieure à une action exprimée au présent :
Elle mange tout ce qu'il a préparé.
– il peut servir à exprimer une action qui a eu lieu dans un passé proche :
Ce matin, je me suis réveillée de bonne heure.
– il peut avoir la valeur du passé simple, auquel il se substitue souvent, surtout
à l'oral : *Le jour de mon anniversaire, je me suis réveillée de bonne heure.*

2 Souligne les verbes conjugués qui expriment une action antérieure à celles exprimées
par les verbes en italique ; encadre ceux qui expriment une action postérieure
à celles exprimées par les verbes en italique. Ensuite, complète le tableau.

1. L'araignée s'est arrêtée à mes pieds : je *suis* terrorisée.

2. « La cigale [...] *se trouva* fort dépourvue, quand la bise fut venue » (La Fontaine).

3. Quand je *reviendrai*, j'aurai certainement beaucoup changé.

4. Elle lui *racontait* ce qu'elle avait appris sur lui.

5. Je m'en occuperai à mon retour, j'*ai* un avion à prendre.

6. Il a tout prévu : il ne *peut* y avoir de surprises.

> Ici, le temps de
> référence est le temps
> des verbes en italique.

	Temps de référence	Temps du verbe exprimant une action antérieure	Temps du verbe exprimant une action postérieure
1.			
2.			
3.			
4.			
5.			
6.			

3 Réécris cet extrait au passé, afin de retrouver le texte original.

Gervaise lave son linge de couleur dans l'eau chaude, grasse de savon,
qu'elle a conservée. Quand elle a fini, elle **approche** un tréteau, **jette** en
travers toutes les pièces et elle **commence** à rincer.

> Les verbes
> en gras
> expriment
> les actions de
> premier plan.

....
....
....
....

É. Zola, *L'Assommoir*, 1877.

Rapporter des paroles : discours direct et discours indirect

Dans un récit, il y a deux façons de rapporter les paroles prononcées par les personnages : le discours direct et le discours indirect.

● Le **discours direct** (ou style direct) rapporte les paroles sous la forme exacte où elles ont été prononcées, mot pour mot. Le discours direct constitue une rupture dans le récit.

● Le **discours indirect** (ou style indirect) ne rapporte pas les paroles sous la forme exacte où elles ont été prononcées. Les paroles sont alors intégrées à la narration.

● Observe ces exemples et les caractéristiques de chaque discours.

Discours direct	On utilise dans le discours direct :
J'ai demandé à mon copain : «Es-tu ici depuis longtemps ? – Je suis arrivé hier» m'a-t-il répondu.	– un **verbe de parole** (*demander, répondre, penser...*), placé avant les paroles rapportées (*J'ai demandé à mon copain : «[...] »*) après («*[...]», m'a-t-il répondu*), ou en incise (*«Je suis arrivé hier, m'a-t-il répondu, et j'avais hâte de te voir. »*) ; – une **ponctuation** spécifique : le discours, souvent précédé de *deux points*, est encadré de *guillemets* ; s'il y a dialogue, le *tiret* marque le changement d'interlocuteur ; – des indices de la situation d'énonciation : des **pronoms personnels** (*tu, je*), des **adverbes** (*ici, hier*).
Discours indirect	On utilise dans le discours indirect :
J'ai demandé à mon copain s'il était là depuis longtemps. Il m'a répondu qu'il était arrivé la veille.	– un **verbe de parole** (placé avant les paroles rapportées) suivi d'un mot subordonnant (*que, comment, si...*), qui introduit une proposition subordonnée conjonctive (*qu'il était arrivé la veille*) ou interrogative (*s'il était là depuis longtemps*) ; – une **ponctuation** ordinaire ; – les **pronoms personnels** de la 3e personne du singulier (*tu, je → il*), et des **indications de temps** et **de lieu** propres à l'énoncé coupé (*hier → la veille*).

---

1 **Lis cet extrait, puis réponds aux questions.**

Bouvard et Pécuchet ont invité leurs voisins à un dîner afin de leur faire découvrir l'aménagement de leur jardin.

Le curé, avant de partir, confia timidement à Pécuchet qu'il ne trouvait pas convenable ce simulacre de tombeau au milieu des légumes. Hurel, en se retirant, salua très bas la compagnie. M. Marescot avait disparu après le dessert.
Jusqu'à minuit, les deux amphitryons, sous la tonnelle, exhalèrent leur ressentiment :
«Ah ! l'eau manque dans le bassin ! Patience, on y verra jusqu'à un cygne et des poissons !
– À peine s'ils ont remarqué la pagode ! s'offusqua Bouvard.
– Prétendre que les ruines ne sont pas propres est une opinion d'imbécile !
– Et le tombeau une inconvenance ! Pourquoi inconvenance ? Est-ce qu'on n'a pas le droit d'en construire un dans son domaine ? Je veux même m'y faire enterrer !
– Ne parle pas de ça ! » dit Pécuchet.

D'après G. Flaubert, *Bouvard et Pécuchet*, 1881.

> **L'amphitryon** est celui qui reçoit, qui invite des personnes à dîner.

1. Encadre le passage où les paroles sont rapportées au style direct, en incluant la phrase qui introduit le discours.

2. Dans ce dialogue, combien y a-t-il d'interlocuteurs ? ....

Qui sont-ils ? ....

3. Souligne, dans le passage que tu as encadré, tous les signes de ponctuation relatifs au style direct, ainsi que les verbes de parole.

4. Relève la phrase où le narrateur rapporte des paroles au style indirect.

....

....

Qui prononce ces paroles ? ....

5. Réécris cette phrase en utilisant le discours direct. Place le verbe de parole après les paroles rapportées.

....

....

....

Attention au temps des verbes, à la ponctuation et aux pronoms personnels.

2 **Lis ce texte, puis réponds aux questions.**

Quand Grand-père tendait la main pour prendre sa tasse, cette main tremblait lamentablement. Il était doux et il ne se ressemblait plus.
« Pourquoi ne me donnes-tu point de sucre ? demanda-t-il à Grand-mère, du ton capricieux d'un enfant gâté.
Elle répondit gentiment, mais avec fermeté :
– Prends du miel en guise de sucre, cela vaut mieux… »
Il avala rapidement la boisson chaude.

M. Gorki, *Ma vie d'enfant* (1914), trad. S. Persky © Calmann-Lévy, Paris, 1921.

1. Encadre le passage où les paroles sont rapportées au style direct.

2. Qui sont les interlocuteurs dans ce dialogue ? ....

3. Souligne les verbes de parole et les signes de ponctuation qui caractérisent le discours direct.

4. Réécris les deux répliques du dialogue en utilisant le discours indirect.

Grand-père demanda à Grand-mère, ...

....

....

....

....

Attention au temps des verbes et aux pronoms personnels.

Utiliser des procédés de reprise

Les procédés de reprise consistent à reprendre un élément déjà nommé et ont pour but d'éviter des répétitions, de produire une expression plus précise, plus riche. On distingue les reprises nominales et pronominales.

● On parle de **reprise nominale** (ou lexicale) lorsque l'on remplace un nom ou un groupe nominal par un autre groupe nominal. Les principaux procédés de reprise nominale sont les suivants :
– reprise par un **synonyme**, afin de varier l'expression, d'éviter une répétition, ou pour jouer sur le fait que les synonymes n'ont jamais tout à fait le même sens : *Je lui ai fait un cadeau. **Ce présent** me venait de ma grand-mère.*
– reprise par une **périphrase**, afin d'éviter une répétition ou de faire ressortir un aspect particulier de ce dont on parle : *Je suis allé en Corse. **L'île de beauté** porte bien son nom.*
– reprise par un **terme générique** (c'est-à-dire un terme qui englobe plusieurs termes plus précis, dits spécifiques), afin de gagner en concision ou de reprendre une énumération : *La joie, la peur, l'enthousiasme, **toutes ces émotions** m'ont traversé en un instant.*

● On parle de **reprise pronominale** (ou grammaticale) lorsque l'on remplace un nom ou un groupe nominal par un pronom personnel, démonstratif, possessif, ou interrogatif :
– pronom personnel : *Vois-tu cette boîte ? Oui, je **la** vois.*
– pronom démonstratif : *J'ai acheté une maison. **Celle-ci** est en bon état.*
– pronom possessif : *Je préfère mon quartier. **Le vôtre** est trop bruyant.*
– pronom interrogatif : *Il y a deux possibilités. **Laquelle** choisir ?*

1 **Lis cet extrait d'une fable de Jean de La Fontaine, puis réponds aux questions.**

Un Agneau se désaltérait
Dans le courant d'une onde pure.
Un Loup survient à jeun qui cherchait aventure,
Et que la faim en ces lieux attirait.
Qui te rend si hardi de troubler mon breuvage ?
Dit cet animal plein de rage :
Tu seras châtié de ta témérité.
– Sire, répond l'Agneau, que Votre Majesté
Ne se mette pas en colère ;
Mais plutôt qu'elle considère
Que je me vas désaltérant
Dans le courant,
Plus de vingt pas au-dessous d'Elle,
Et que par conséquent, en aucune façon,
Je ne puis troubler sa boisson.
– Tu la troubles, reprit cette bête cruelle […].

J. de La Fontaine, « Le Loup et l'Agneau », in *Fables*, 1668-1694.

1. Relève les reprises nominales qui désignent le loup.

....

Tu dois en trouver quatre.

2. Ces reprises appartiennent à deux champs lexicaux. Lesquels ?

....

3. À ton avis, pourquoi l'auteur a-t-il choisi ces champs lexicaux ?

....

....

....

4. Dans ce texte, une reprise pronominale reprend une reprise nominale du loup. Laquelle ?

....

2 **Trouve le mot générique qui correspond à chaque série de mots spécifiques.**

1. émeraude – rubis – saphir – diamant : ....

2. fauteuil – chaise – tabouret – pouf – banc : ....

3. maison – hutte – appartement – igloo : ....

4. côtelette – gigot – poulet – bifteck : ....

5. bague – bracelet – collier – boucles d'oreille : ....

6. Toulouse – Madrid – Prague – Atlanta : ....

3 **Réécris ce texte en reprenant tous les mots en gras par les pronoms ou les groupes nominaux suivants, afin de retrouver le texte original :** *il – ils – le – les – eux – en – ces animaux – les bêtes.*

Emmi était un pauvre petit gardeur de cochons, orphelin et très malheureux, non seulement parce qu'**Emmi** était mal logé, mal nourri et mal vêtu, mais encore parce qu'**Emmi** détestait **les cochons** que la misère forçait **Emmi** à soigner. **Emmi** avait peur **des cochons**, et **ces cochons**, qui sont plus fins que **les cochons** n'en ont l'air, sentaient bien qu'**Emmi** n'était pas le maître avec **les cochons**. **Emmi** s'en allait dès le matin, conduisant **les cochons** dans la glandée, dans la forêt.

> Utilise les indices donnés par le texte : le sens, les accords.

....

....

....

....

....

....

....

....

G. Sand, « Le Chêne parlant », in *Contes d'une grand'mère*, 1875.

Distinguer auteur et narrateur

● L'**auteur** est la personne, réelle, qui imagine l'histoire, écrit le livre et dont le nom apparaît sur la couverture.
Alexandre Dumas est l'auteur du roman intitulé Les Trois mousquetaires.

● Le **narrateur** est celui qui a la charge de raconter l'histoire.
Identifier le statut du narrateur, c'est dire s'il est un personnage de l'histoire.
Le narrateur peut avoir différents statuts.

Statuts du narrateur	Exemples
Il peut être extérieur à l'histoire, c'est-à-dire qu'il ne constitue pas un personnage : dans ce cas, il mène le récit à la 3e personne.	*Il était une fois une petite fille [...], sa mère en était folle et sa grand-mère plus folle encore.* Ch. Perrault, *Contes de mère l'Oye*, 1697.
Il peut être un personnage de l'histoire : dans ce cas, il mène le récit à la 1re personne (dans l'exemple, le narrateur est Robinson Crusoé).	*J'écoutai, je regardai autour de moi, mais je n'entendis rien ni ne vis rien.* D. Defoe, *Robinson Crusoé*, 1719.
Il peut s'identifier à l'auteur, qui est alors un personnage de l'histoire : c'est le cas dans les récits autobiographiques (récits où l'auteur raconte sa propre histoire) ; dans ce cas, il mène le récit à la 1re personne.	*J'arrivai au château [...], je traversai à pied les cours désertes ; je m'arrêtai à regarder les fenêtres fermées.* Chateaubriand, *Mémoires d'outre-tombe*, 1850.

1 **Lis les quatre extraits suivants, puis complète le tableau.**

1. Mme Bovary, quand elle fut dans la cuisine, s'approcha de la cheminée. Du bout de ses deux doigts, elle prit sa robe à la hauteur du genou, et, l'ayant ainsi remontée jusqu'aux chevilles, elle tendit à la flamme [...] son pied chaussé d'une bottine noire.

G. Flaubert, *Madame Bovary*, 1857.

2. *Le reporter Rouletabille mène l'enquête sur l'assassinat de Mlle Stangerson.*

Je courus du côté de la grille et, en route, je rencontrai Bernier et sa femme, les concierges, qui venaient, attirés par les détonations et par nos cris.

G. Leroux, *Le Mystère de la chambre jaune* © G. Leroux, 1908.

3. *Michel Tournier s'apprête à passer une journée avec de jeunes prisonniers.*

Ce n'était pas la première fois que j'allais en prison. Comme écrivain, s'entend, et pour m'entretenir avec ces lecteurs particulièrement attentifs, des jeunes détenus. J'avais gardé de ces visites un arrière-goût d'une âpreté insupportable.

M. Tournier, « Écrire debout », in *Le Médianoche amoureux* © Gallimard, 1989.

4. Dédale avait conçu le labyrinthe de telle sorte que quiconque y était entré ne pouvait plus en sortir. Mais aujourd'hui, c'était lui-même qui y était prisonnier de son œuvre et il se morfondait là avec son fils, le jeune Icare qu'il avait eu d'une esclave de Minos.

Ovide, *Métamorphoses*, trad. A. Videau © Hatier, 2006.

	Extrait 1	Extrait 2	Extrait 3	Extrait 4
Qui est l'auteur de ce texte ?	....	....	....	....
De quel genre de texte s'agit-il ?	....	....	....	....
À quelle personne sont les pronoms ?	....	....	....	....
Qui sont les personnages de l'histoire ?	....	....	....	....
Le narrateur est-il un personnage ? Si oui, lequel ?	....	....	....	....
Le narrateur s'identifie-t-il à l'auteur ?	....	....	....	....

2 Lis cet autre extrait de *Madame Bovary*, puis réécris le texte en imaginant que le narrateur est Charles Bovary.

Charles Bovary est nouvel élève dans l'école et il doit se présenter à sa classe.

– Levez-vous, dit le professeur.
Il se leva ; sa casquette tomba. Toute la classe se mit à rire. Il se baissa pour la reprendre. Un voisin la fit tomber d'un coup de coude, il la ramassa encore une fois. [...] Il y eut un rire éclatant des écoliers qui décontenança le pauvre garçon, si bien qu'il ne savait s'il fallait garder sa casquette à la main, la laisser par terre ou la mettre sur sa tête.

G. Flaubert, *Madame Bovary*, 1857.

Dans ce texte, le narrateur est extérieur à l'histoire.

....

....

....

....

....

....

....

....

....

Index

MAQUETTE DE PRINCIPE : Frédéric Jély
MISE EN PAGE : A.M.G. sarl
ÉDITION : Jeanne Boyer

Achevé d'imprimer en France par Hérissey à Évreux - N° 106800
Dépôt légal : n° 81285 - décembre 2007